陈尚宝 / 主编

社会情绪

学习实操手册

广西师范大学出版社

·桂林·

图书在版编目（CIP）数据

社会情绪学习实操手册／陈尚宝主编.—桂林：广西师范大学出版社，2022.10
ISBN 978－7－5598－5167－3

Ⅰ．①社… Ⅱ．①陈… Ⅲ．①情绪－自我控制－学前教育－教学参考资料 Ⅳ．①G613

中国版本图书馆 CIP 数据核字（2022）第 121826 号

社会情绪学习实操手册
SHEHUI QINGXU XUEXI SHICAO SHOUCE

出 品 人：刘广汉
责任编辑：刘孝霞
助理编辑：吕解颐
装帧设计：弓天娇

广西师范大学出版社出版发行

（广西桂林市五里店路 9 号　　　邮政编码：541004）
（网址：http://www.bbtpress.com）

出版人：黄轩庄
全国新华书店经销
销售热线：021－65200318　021－31260822－898
山东韵杰文化科技有限公司印刷
（山东省淄博市桓台县桓台大道西首　邮政编码：256401）
开本：890 mm×1 240 mm　1/32
印张：5　　　　　　　字数：129 千字
2022 年 10 月第 1 版　　2022 年 10 月第 1 次印刷
定价：48.00 元

如发现印装质量问题，影响阅读，请与出版社发行部门联系调换。

本书编委会

顾　问　王　素

主　编　陈尚宝

副主编　曾　焕　林　映

编　委　（以姓氏笔画为序）

　　　　李洁仪　吴曾艳　张微微　陈秀芸　舒清燕　魏少容

目　录

第一章 概念界定

第一节 相关概念

一、情绪

《心理学词典》对情绪下的定义是："任何短时评估的、情感的、意图的及心理的状态，包括高兴、悲伤、厌恶及其他内心感受。"拉扎勒斯（Lazarus）认为："情绪是来自正在进行着的环境中好的或不好的信息的生理心理反应的组织，它依赖于短时或持续的评价。"陈少华总结西方心理学家对情绪的定义，认为情绪是一种躯体和精神上的复杂的变化模式，包括生理唤醒、感觉、认知过程以及行为反应，是对个人知觉到的独特处境的反应。本书采纳《心理学词典》中的定义，主张情绪是一种心理状态。

二、社会情绪能力

德纳姆（Denham）认为，社会情绪能力（Social-Emotional Competency）是包含情绪能力和社会能力两者技能与行为的综合概念。[1]社会情绪能力除了包含情绪的适当表达和控制、评估、理解不同的情绪的能力之外，还包含在社会情境下解决不同问题的能力。社会情绪能力是指帮助儿童更有效地处理生活中的挑战，并且在学习和社会环境下茁壮成长的社会和情感技能。[2]德纳姆进一步指出，社会情绪能力的发展是指个体运用不同的技能与社会环境进行有效互动的过程(Denham，2006a)。我国学者韦钰教授认为，社会情绪能力就是与他人一起工作时的互动和相互理解、合作的能力。[3]

　　尽管关于社会情绪能力的定义纷繁复杂，各有不同，但在世界范围内被众多研究者广泛接受的定义是由学术、社会和情绪学习联合会（Collaborative for Academic Social and Emotional Learning，简称 CASEL）[4]提供的，该组织称社会情绪能力是"获取并能够有效运用知识、识别和管理情绪、关心他人、做负责任的决定、建立积极的人际关系和干练地处理挑战的能力"[5](Zins & Elias，2006，p.1)。CASEL 认为"社会情绪学习"重点是发展学生的社会情绪能力，基于此，他们已经确定了五组社会情绪能力[6]，分别是：

---

[1]　Elias M J, Zins R, Weissberg K, Frey M, Greenberg N,Haynes R, Kessier M, Schwab S, Shriver T. *Promoting social and emotional learning: guidelines for educators*. Alexandria: Association for Supervision and Curriculum Development, 1997, 2.

[2]　Fredriekson B L. What Good Are Positive Emotions？. *Review of General Psychology*, 1998, 2(3): 1300–319.

[3]　韦钰：《对"做中学"科学教育的期望》，《内蒙古教育》2009年第5期。

[4]　Goleman D. *Emotional Intelligence*. New York: Banta Books.1995.

[5]　Greenberg M T, Weissberg R P, O'Brien M U, Zins J E, Fredericks L, Resnik H, Elias M J. Enhancing school-based prevention and youth development through coordinated social, emotional, and academic learning. *American Psychologist*, 2003, 58(6–7): 466.

[6]　*What is SEL*？. https://casel.org/what-is-sel/.

（1）自我认知（Self-awareness）能力：准确识别自己的情绪和想法，以及控制情绪对行为的影响的能力。这包括准确评估自己的优势和局限性，并具备良好的信心、乐观情绪和自我效能感。

（2）自我管理（Self-management）能力：在不同情况下能有效调节自己的情绪、想法和行为的能力，包括管理压力、控制冲动、激励自己、设定并努力实现个人和学业目标等。

（3）社会认知（Social-awareness）能力：能够从不同背景和文化的角度对其他人进行观察和理解，从社会和道德准则的角度理解行为，并意识到家庭、学校和社区提供的资源和支持，包括观点采纳、赏识差异、同情心和尊重别人。

（4）人际交往（Interpersonal relationship）能力：与不同的个人和群体建立和维持健康、有益的关系的能力，包括清楚地沟通、积极地倾听、与人合作、抵制不适当的社会压力、面对冲突可以建设性地协商，以及在需要时寻求和提供帮助。

（5）负责任的决策（Responsible decision making）能力：在考虑到道德标准、安全、社会规范、对各种行为的后果的现实评估以及自我和他人的幸福的基础上，对个人行为和社会互动行为做出决策的能力，包括识别问题、分析情境、承担个人责任、尊重他人、解决问题、评估和反思。

这五项社会情绪能力还可以细化，表1-1是根据 CASEL 的官方网站提供的资料所做的整理：

表1-1　五项社会情绪能力详表

核心能力	子维度	含义
自我认知	识别情绪	识别自己与他人的情绪
	认识优势	认识和培养自己与他人的优势和积极品质

续表

核心能力	子维度	含义
自我管理	管理情绪	监控和调节情绪以应对各种情境
	目标设定	建立并且朝着短期或长期的亲社会目标努力
社会认知	观点采纳	识别和理解他人的想法与感受
	赏识差异	理解个体和团体间的差异，并且相互弥补以使世界更美好
人际交往	沟通	使用言语、非言语的技能表达自己，积极有效地与他人交流
	建立人际关系	建立并维持与个人或团体健康有益的联系
	协商	通过有效沟通达成双方都满意的解决方案
	拒绝	积极有效地沟通，避免做出不乐意、危险、不道德或非法的行为
负责任的决策	分析情境	分析及评估行为后果，衡量道德及社会规范等准则
	承担个人责任	认识和理解个人的道德、安全和法律行为的义务或责任
	尊重他人	坚信以仁慈和同情的心态去对待他人，为共同的美德积极努力
	问题解决	产生、执行和评估富有建设性的问题解决方式

第二节　核心概念

一、社会情绪学习

社会情绪学习（Social Emotional Learning，简称 SEL）由 CASEL

首次提出。该组织认为社会情绪学习是儿童和成人获得并有效应用知识、态度和技能的过程。这些必要的知识、态度和技能可以让人理解和管理情绪，设定和实现积极的目标，感受并展示对他人的同情心，建立和维持积极的人际关系，并做出负责任的决定。

国外学者对社会情绪学习的定义是从教和学两个角度出发的。津斯（Zins）和伊莱亚斯（Elias）指出，社会情绪学习是一种学习过程，通过这种学习，学生学会识别他人的情绪和管理自己的情绪，能够关心、照顾他人，与同伴建立积极的关系，做出负责任的决定，具备处理问题的态度与能力。[1] 皮斯顿（Pasyton）认为，社会情绪学习就是在系统教学的过程中，让学生提高自身认知和管理情绪、情感的技能，习得倾听和欣赏他人观点的技能，掌握解决问题的技能，培养有益于社会发展目标的技能，等等。[2] 以上观点从学生学习的角度定义了社会情绪学习。而伊莱亚斯曾在自己的论文中把社会情绪学习定义为一种教学方式，这种教学旨在帮助学生掌握一种技能，该技能使儿童学会有效与人交流沟通、建立和谐的人际关系等，从而成功地完成生活中的任务。这种观点则是从教师传授的角度来定义的。[3]

本书所指的社会情绪学习不仅是一种学习的过程，也是在学校中实施的"社会情绪学习"课程，是指在学校中有目的、有计划、有组织地向学生传授知识，组织活动。在这个前提下，本书中的"社会情

---

① Zins J E, Elias M J. Social and Emotional Learning. Bear G G, Minke K M. *Children's Needs III:Development,Prevention,and Intervention.* Bethesda,Md.:National Association of School Psychologists, 2006: 1, 3.

② 刘桂秋：《美国的"社会-情感教育"及启示》，《中国德育》2009年第1期。

③ Elias.The Connection Between Academic and Social-Emotional Learning. *The Educator's Guide to Emotional Intelligence and Academic Achievement*, CA:Corwin Press, 2006: 4-13.

绪学习"课程设计、编写了六个部分的学习内容，分别是：认识情绪、自我管理、同理心、积极思维、解决人际关系问题、激发内驱力。通过"社会情绪学习"课程的实施与学习，学生将习得基本的社会情绪技能，其中包括有效管理情绪、优化人际关系、做出负责任的决定，以及具备较强的问题解决能力等，从而达到自我意识与社会意识的高度融合以及健康快乐成长的最终目的。与此同时，也能提升教师的社会情绪能力教学技能，促进教师的自我成长。

二、社会情绪学习实操手册

本书立足于教育部－联合国儿童基金会在中国合作开展的社会情感学习项目，结合各派学者对社会情感学习的内涵界定，将社会情绪学习定义为：基于儿童视角，通过学校管理、教育教学、家校合作等支持性环境建设，帮助学生在学校和社会生活中获得发展所必需的对自我与社会的认知与管理意识、知识和技能，培养学生的自信心，使学生建立积极的人际关系，有效地面对挑战，做出负责任的决定。其中，狭义的实操手册指的是课程操作手册。课程专指在学校中实施的"社会情绪学习"课程，是指以社会情绪学习理论为指导，在学校中有目的、有计划、有组织地向学生传授知识、组织活动，为培养学生社会情绪能力的教学和学习过程。广义的实操手册指操作性强、实用性大，对社会情绪学习课程的开展和组织做出具体说明的方法。本书主要围绕着认识情绪、自我管理、同理心、积极思维、解决人际关系问题、激发内驱力六个部分的内容来进行编写，并包括理论指导与案例分析。

第二章　文献综述

第一节　对社会情绪学习内涵的理解

一、国外研究现状

社会情绪学习是在先前短期、零散的干预措施及相关的提高学生适应力等研究的基础上产生的。国外很多学者阐述了社会情绪学习的定义。诺里斯（Norris）认为，社会情绪学习是一种使个体认识、调节并表达他们生活的社会情绪情感状态，完成生活的使命获得成就感的方式。[①]

科恩（Cohen）认为，社会情绪教育是指引导和教授学生掌握学习技能，提高理解力和建立积极的价值观念，以促进学生对自身和他人的了解，灵活有效地解决问题及提升创新能力。[②] 伊莱亚斯把社会情绪学习看成一种教学和组织课堂的方式，可以帮助孩子学会一套技能，这套技能使孩子成功地完成生活的任务，比如学习、建立人际关系、

---

① Norris.Looking at Classroom Management Through a Social and Emotional Learning Lens. *Theory into Practice*, 2003(Autumn): 314.

② Cohen J.Psychoanalysis and the education of children. *Journal of Applied Psychoanalytic Studies*, 2002, 4(Special Issue): 1-4.

有效与人交流沟通等。社会情绪学习是一个综合性概念，涉及品德教育、服务教育、公民教育和情感智力教育等多方面的内容。[①]

皮斯顿站在学生学习的角度，认为社会情绪学习就是在系统的课堂教学过程中让学生学会认知和管理自己情感、懂得聆听和欣赏他人的观点、树立有益于社会的目标并能有效解决问题，它能够以符合伦理道德的方式把各种人际交往技能有效地运用于与学生发展水平相宜的任务中。[②]

虽然很多学者对社会情绪学习给出了自己的解释，但至今仍没有一个统一的定义。最有影响力且被普遍认可的是 CASEL 对此的定义：社会情绪学习是使儿童获得基本的社会情绪技能（包括识别和调控自我情绪、关心尊重他人、做出负责任的决策、建立并维持良好的人际关系以及有效解决问题等技能）的学习过程。[③]该观点为预防学生问题行为、提高学生的幸福感和成就感提供了概念支撑。

二、国内研究现状

本书在梳理国内近年来有关社会情绪学习的相关期刊和理论研究时发现，国内学者对于社会情绪学习的研究主要可以概括为以下几类：

（1）对社会情绪学习的概念、产生背景、理论基础和价值进行详细的界定和介绍，并与我国当前基础教育进行比较研究，为我国基础教育改革和教学管理等提供了有益的启示。

罗建河和陈建华介绍了戈尔曼（Goleman）、加德纳（Gardner）和

---

① Elias.The Connection Between Academic and Social-Emotional Learning. *The Educator's Guide to Emotional Intelligence and Acaclemic Achievement*, 2006: 4-13.

② 刘桂秋：《美国的"社会-情感教育"及启示》，《中国德育》2009年第1期。

③ Collaborative for Academic, Social and Emotional Learning (SEL) programs. *Chicago*. II: CASEL, 2003.

伊莱亚斯有关情感智力和多元智力的理论，结合实际将班级的有效管理与社会情绪学习计划联系在一起，从营造积极的班级环境角度来制订学生的社会情绪学习计划，这篇文章体现了我国学者进行社会情绪学习研究的一个新视角。[①]

石义堂和李守红分别阐述了美国、英国和澳大利亚学者对社会情绪学习的概念界定及维度划分。[②] 林丽珍和姚计海从概念界定和维度划分两个方面介绍了国际上三种典型的 SEL 实践模式，即美国 CASEL 提出的模式、英国教育部推行的 SEAL 模式，以及澳大利亚政府推动的 SEWB 模式。这两项研究通过分析和总结国外开展的社会情绪学习的模式，以期丰富我国社会情绪学习的理论基础，推动我国社会情绪学习项目的顺利开展，进一步促进我国教育的健康、和谐发展。[③]

全景月和姚计海介绍了社会情绪学习项目提出的背景和理论基础。作者最后提出，国外社会情绪学习模式对我国预防学生暴力、预防少年犯罪、杜绝毒品、预防辍学、管制逃课，进行道德教育、法制教育、健康教育、人格教育、同伴关系教育等旨在提升学生的社会情感能力、减少学生的不良行为的活动和项目有很大的借鉴意义。[④]

徐文彬和肖连群归纳了社会情绪学习的四个基本特征，即核心能力的整合性、干预对象的全面性、项目设计的系统性以及项目实施的长期性，同时还详细阐述了社会情绪学习的教育价值。作者认为，社

---

① 罗建河、陈建华：《试论社会情感学习计划与班级的有效管理》，《江西教育科研》2007年第3期。

② 石义堂、李守红：《"社会情感学习"的内涵、发展及其对基础教育变革的意义》，《当代教育与文化》2013年第6期。

③ 林丽珍、姚计海：《国外社会情感学习（SEL）的模式与借鉴》，《基础教育参考》2014年第11期。

④ 全景月、姚计海：《社会情感学习（SEL）项目的实施背景与价值探讨》，《基础教育参考》2014年第17期。

会情绪学习的教育价值体现在三个方面：社会情绪学习系统地组织、协调与整合了零散的问题处理措施，提高了预防和干预效果；社会情绪学习能够促进学生的学业学习；社会情绪学习能够增强学生的责任意识，提高其社会化水平。[①]

（2）对美国社会情绪学习项目进行整体归纳，得出美国社会情绪学习项目的实施方法、特点。蔡敏、蒋世萍对美国的社会情绪学习项目进行了研究，总结出四种实施途径：美国主要通过 SEL 课程对学生进行社会与情感能力培养，并通过课堂教学和课堂管理来促进学生的学业、社会情绪学习能力的发展；CASEL 要求学校全体人员积极参与，为学生创造一个安全、稳定、有支持性的学习环境；社会情绪学习项目给学生布置了一些需要与家庭成员合作完成的任务，组织有关社会情绪学习的家长培训，举办让家长参与其中的多种活动 (如家长交流会、学校参观活动、学校志愿服务活动等)，以加强家庭与学校的合作，让家庭成员积极参与社会情绪学习；CASEL 认为，社区也是学生重要的生活场所之一，社区参与是培养学生社会情绪能力的必要途径。[②]

第二节　社会情绪学习的意义研究

一、国外研究现状

美国教育学者对社会情绪学习的研究起步早，相关研究比较成熟

---

① 　徐文彬、肖连群：《论社会情绪学习的基本特征及其教育价值》，《教育理论与实践》2015年第13期。

② 　蔡敏、蒋世萍：《美国社会情感学习项目的实施策略》，《世界教育信息》2015年第7期。

和完善。他们已经不局限于研究社会情绪学习的理论和项目，还集中研究了社会情绪学习和学业成就、社会情绪学习和品格教育、社会情绪学习和课堂管理、社会情绪学习和人际交往以及社会情绪学习和特殊教育等方面。研究者通过理论分析和实验研究发现，社会情绪学习课程可以通过多种途径直接和间接地培养学生认识并调控自己的情绪、改进行为和学习态度、建立良好的人际关系等的能力。一系列的研究都表明社会情绪学习课程可以为学生带来许多积极影响，概括起来有以下几个方面：

（一）改进学生的学习表现

在社会情绪学习和学业成就方面，研究者主要关注的是学生的社会情绪学习技能将有利于提高学生的学业成就。丽贝卡·D. 泰勒（Rebecca D. Taylor）和阿莉森·B. 多明尼克（Allison B. Dymnicki）认为《在社交和情感学习上建立学术成功：研究的启示》（*Building Academic Success on Social and Emotional Learning: What Does the Research Say?*）这本书是社会情绪学习影响学业成就的经验与证据汇总。这本书中呈现了大量的经验主义研究，把社会情绪学习和学业成就联系在一起，试图让人们理解社会情绪发展是怎样影响学业成就的，也提供了很多提高学生学业成绩的社会情绪学习项目资料。[1] 在社会情绪学习与品格教育方面，研究者主要关注的是良好的社会情绪学习技能将有助于学生形成良好的品格，减少和预防学生的不良行为。

---

[1] Taylor R D, Allison B. Dymnicki. Empirical Evidence of Social and Emotional Learning's Influence on School Success: A Commentary on "Building Academic Success on Social and Emotional Learning: What Does the Research Say?". *Journal of Educational and Psychological Consultation*, 2007, 17(2&3), 225–231.

　　2017年，CASEL 和他们的合作研究者进行了一次元分析。该研究分析了82种不同的社会情绪学习课程的结果，研究涉及来自幼儿园到高中的超过97 000名学生，并在课程结束后的6个月到18年，对课程产生的效果进行评估。该研究发现，在最后一次课程完成后的三年半中，接受过社会情绪学习课程的学生的平均成绩比未接受过社会情绪学习课程的学生平均成绩高出13%。[①]CASEL 的研究者在《在社交和情感学习上建立学术成功：研究的启示》一书中论述了社会情绪学习课程对于学习表现的影响，通过社会情绪学习课程，学生有了自我意识，对于自己的学习能力更加自信，他们会更加努力地学习，激励自己，给自己设立目标，管理自己的压力，并且应用各种方法，获得更好的学习表现。另外，他们会更加负责地对待学习任务和完成作业，运用技巧和能力解决问题，克服困难，获得成长。[②]2018年，斯特恩斯（Stearns）通过对美国的一所幼儿园进行研究发现，社会情绪学习课程通过教育学生如何正确识别情绪，而不是压抑他们的负面情绪，可以让孩子们为学习做好准备。例如，学生通过学习情绪中获得的各种感受，可以理解情绪所代表的含义，理解自己的矛盾心理，并在这一过程中获得知识并构建自己的知识体系。[③]

（二）促进学生的积极行为

　　伊莱亚斯认为学生的社会情感对性格和道德的发展具有重要作

[①]　Taylor R R, Oberle E, Durlak J A, Weissberg R P. Promoting Positive Youth Development Through School-based Social and Emotional Learning Interventions: A Meta-analysis of Follow-up Effects. *Children Development*, 2017, 88(4): 1156–1171.

[②]　Zins J E, Weissberg R P, Wang M C, Walberg H J. *Building school success through social and emotional learning*. New York: Teachers College Press, 2007.

[③]　Stearns C. Unruly affect in the kindergarten classroom: A critical analysis of social-emotional learning. *Contemporary Issues in Early Childhood*, 2018, 19(1): 8–19.

用。[1] 马尔钦·斯克拉德（Marcin Sklad）等人研究了以学校为基础的社会情绪行为项目，结果表明该项目产生了很多积极的作用。这些积极作用包括提高学生的社会情绪技能，树立正面的自我形象，推动学生主动做出符合社会道德的行为，减少和预防反社会行为的产生，减少学生的心理问题，促进学生学业成就的发展等。通过社会情绪学习行为项目，学校打破了传统意义上的认知指导方式，还帮助学生培养了社会情绪策略，以便他们将来更好地适应并融入社会。[2]

格林伯格（Greenberg）等人在2003年通过研究发现，社会情绪学习课程对于学生发展有许多积极的影响，具体表现在五个方面：促进青少年健康成长，提高精神健康并减少精神疾病，减少并预防青少年吸烟、喝酒和使用药物，减少辍学和逃课的发生概率，优化学生的学习态度和在学校的表现。[3]

泰勒等人在2011年抽取1970年1月到2007年12月发表在11种权威期刊上的有关社会情绪学习课程的各项研究报告进行了元分析。样本一共包括213项研究，涉及约27万个学生，他们得出如下结论：社会情绪学习课程对于学生的精神健康、社交能力、积极行为都有明显的促进作用。学生在经过社会情绪学习之后，不仅在社会情绪技能、态度和

---

[1]　Elias M J. Educational policy and the responsibility of the school for promoting students' social-emotional, character, and moral development and preventing bullying: Introduction to the special issue. *KEDI Journal of Educational Policy*, 2013: 3-5.

[2]　Sklad M, Diekstra R, De Ritter M, Ben J.Effectiveness of School based Universal School, Emotional, and Behavioral Programs: Do They Enhance Students' Development in the Area of Skill, Behavior, and Adjustment?. *Psychology in the Schools*, 2012, 49(9): 892-909.

[3]　Greenberg M T, Weissberg R P, O'Brien M U, Zins J E, Fredericks L, Resnik H, Elias M J. Enhancing school-based prevention and youth development through coordinated social, emotional, and academic learning. *American Psychologist*, 2003, 58(6-7): 466.

积极的社交行为三方面都得到了提高，行为问题和情绪混乱的问题也得到了缓解。[1]

泰勒等研究者在2017年最新的元分析研究的随访期间，还发现接受过社会情绪学习课程的学生的行为问题、情绪困扰等的发生概率都明显偏低，他们对待他人和学校有更积极的态度，并且社会情绪能力发展得更好。[2]

伊莱亚斯和海恩斯（Haynes）通过研究发现，社会情绪学习课程可以很大程度地提高学生的情感认知能力，让学生产生积极的自我效能感，自觉地遵守学校和社会的规范；同时，可以降低学生负面行为发生的概率，例如校园暴力、冷落同伴，促进学生在学校中积极行为的产生。[3]

（三）提高学生的适应能力

在社会情绪学习和人际交往方面，研究者主要关注的是良好的社会情绪学习能力对学生的沟通和交往技能的提高。威廉·H.布朗（William H. Brown）和莫琳·A.康罗伊（Maureen A. Conroy）认为，社会情绪能力在学生生活质量方面扮演着关键的角色，为学生在家庭、

---

[1]   Durlak J A, Weissberg R P, Dymnicki A B, Taylor R D, Schellinger K B. The Impact of Enhancing Students' Social and Emotional Learning: A Meta-Analysis of School-Based Universal Interventions. *Children Development*, 2011,82(1): 405-432.

[2]   Taylor R R, Oberle E, Durlak J A, Weissberg R P. Promoting Positive Youth Development Through School-based Social and Emotional Learning Interventions: A Meta-analysis of Follow-up Effects. *Children Development*, 2017,88(4): 1156-1171.

[3]   Elias M J, Haynes N M. Social competence, social support, and academic achievement in minority, low-income, urban elementary school children. *School Psychology Quarterly*, 2008, 23(4): 474-495.

邻里和成人生活中的顺利交往奠定了坚实基础。培养发育迟缓儿童的社会情绪技能，有助于帮助他们更好地融入社会环境，提高他们的学习和生活质量。

他们还主张用以证据为基础的干预措施来促进积极的社会互动，从而减少和预防学生的不良行为。[1]

伊莱亚斯和海恩斯在2008年通过对来自6所小学的282名小学生进行研究，发现较高的社会情绪能力可以提高学生在学术上的表现，提高他们面对不断变化的社会要求的适应和调整能力，降低学生对教师的依赖程度。同年，伊莱亚斯和海恩斯又做了一项研究，他们以城市低收入家庭的小学生为对象，针对社会情绪能力、社会支持和学习成就这三者的关系展开研究。他们发现，随着学生社会情绪能力的进步，学生所获得的教师的帮助在减少，获得的同伴的支持也在减少，学生变得越来越独立；社会情绪能力越高的学生，对教师寻求帮助的频率越低，对教师的依赖程度降低。

纽马克（Newmark）等人评估了塔尔萨（Tulsa）地区的幼儿社会情绪学习课程的影响，调查了2 800多名儿童。研究发现，与没有参与幼儿社会情绪学习课程的学生相比，参与过的学生社会情绪能力更强、更细心，也更勇敢，对之后学习做的准备更加充足。[2]

（四）形成良好的学校环境

兰蒂耶里（Lantieri）认为，社会情绪学习课程对于学生的健康和

---

[1] Brown W H, Conroy M A. Social-Emotional Competence in Young Children With Developmental Delays: Our Reflection and Vision for the Future. *Journal of Early Intervention* 2011,33(4): 310 -320.

[2] Phillips G W, Newmark D A,et al. Social-emotional effects of early childhood education programs in Tulsa. *Child Development*, 2011, 82(6): 2095-2109.

幸福都有积极的影响。在社会情绪学习课程中，通过建立良好的、充满关心的学校环境，学生可以与不同的个人和团体保持健康有益的关系，进而拥有更加愉快的生活。①

戈尔德施米特（Goldschmindt）对社交技能和学校行为之间的关系做出研究，共有来自7所小学的171名学生参与了该研究。他发现，社会情绪能力越高的学生，对学校活动的参与度也越高，学到的知识也越多，而社交技能是儿童调节自身课堂行为、校园活动参与度的关键组成部分。孩子的课堂行为的改善和学校参与度的提高对于积极的学校环境的形成有促进作用。②

在社会情绪学习和课堂管理方面，研究者主要关注是否学生将社会情绪学习技能掌握得越好，越容易接受课堂管理。斯特凡妮·M.琼斯（Stephanie M.Jones）等人指出，课堂管理与社会情绪学习存在很多联系，儿童在社会情绪技能方面掌握得好，就不易表现出破坏性行为，也能更好地接受课堂管理。如果儿童对这些社会情绪技能掌握得不好，就更容易和同龄人或者成人发生冲突，他们自己也会尽量减少学习的时间，那么对于这些学生，教师就不能很好地进行课堂管理。这就要求教师必须使用社会情绪技能和学生建立良好的关系，新教师更应该运用具体的社会情绪策略来提高与学生有效交流互动的能力。如果所有教师都运用社会情绪技能去教育和管理学生，那么学生就会更好地理解教师并表现出良好、恰当的行为。③

————————————

① Lantieri L. Cultivating the Social, Emotional, and Inner Lives of Children andTeachers. *Reclaiming Children & Youth*, 2012, 21: 27–33.

② Goldschmindt E P. *The role of social competence in the relationship between classroom behaviors and school engagement*. Boston: Boston College, 2008.

③ Jones S M, Bailey R, Jacob R. Social emotional learning is essential to classroom management. *Phi Delta Kappan*, 2014, 96: 19–24.

2004年，美国伊利诺伊大学芝加哥分校制定了"社会情绪学习标准"，并在伊利诺伊州的各中小学进行推广，将社会情绪学习作为从幼儿园到高中的基本教育内容。研究表明社会情绪学习能够减少学生的问题行为，培养学生的积极行为[①]（R. 雷蒙多、A. 马克斯-平托和利马〔Raimundo, R., Marques-Pinto, A., &Lima〕, 2013），使学生形成良好的学习态度，改善课堂气氛，提高学生的学业成绩（德纳姆等〔Denham et al.〕, 2012），让学生形成良好的行为表现，提高学生的情绪管理能力，缓和师生关系[②]（冈特、卡尔达雷拉、科思和扬〔Gunter, Caldarella, Korth, &Young〕, 2012），并促进学生良好道德品质的养成，提高学生的心理韧性，有效地减少反社会行为，提高学生的社会适应能力（雷蒙多等〔Raimundo et al.〕, 2013）。

杜尔拉克等人（Durlak et al., 2013）[③]的一项元分析研究表明，接受社会情绪学习之后，学生的学习成绩提高了11%；表现出更好的课堂行为，学习动力也明显增加；破坏性行为、犯罪行为减少；情绪困扰问题减少。社会情绪学习的积极效果在其他国家，如加拿大[④]

---

① Raimundo R,Marques-Pinto A, Lima M L. The Effects of A Social-Emotional Learning Program on Elementary School Children: The Role of Pupils's Characteristics. *Psychology in the Schools*, 2013, 50(2): 165–180.

② Denham S A, Bassett H, Mincic M, Kalb S, Way E, Wyatt T, Segal Y. Social-emotional learning profiles of preschoolers' early school success: A personcentered approach. *Learning and Individual Differences*, 2012, 22(2): 178–189.

③ Durlak J A,Weissberg R P, Dymnicki A B, Taylor R D,Schellinger K B. The impact of enhancing students' social and emotional learning: A metaanalysis of school-based universal interventions. *Child Development*, 2011, 82(1): 405–432.

④ Collie R J,Shapka J D, Perry N E. School climate and social-emotional learning: Predicting teacher stress, job satisfaction, and teaching efficacy. *Journal of Educational Psychology*, 2012, 104(4): 189.

（科利、沙加和佩里〔Collie，Shapka，& Perry〕，2012）、芬兰 ① （约罗宁、海凯梅斯和阿施泰特-库尔基〔Joronen，Häkämies，&Åstedt-Kurki〕，2011）、英国 ② （伦德拉姆、汉弗莱和维格尔斯沃思〔Lendrum，Humphrey，&Wigelsworth〕，2013），土耳其 ③ （马丁〔Martin〕，2012）也得到了验证。

二、国内研究现状

国内学者在社会情绪学习的影响方面的研究主要是对国外研究的梳理和总结，王福兴 ④ （2011）、肖连群 ⑤ （2013）、陈权 ⑥ （2015）、吴先琳 ⑦ （2016）等多位学者对社会情绪学习所产生的各种影响和作用进行了总结，包括情绪、道德水平、问题行为和学业成绩等。

———————————

① Joronen K, Häkämies A, Åstedt-Kurki P. Children's experiences of a drama programme in social and emotional learing. *Scandinavian journal of caring sciences*, 2011, 25(4): 671–678.

② Lendrum A,Humphrey N,Wigelsworth M. Social and emotional aspects of learing (SEAL) for secondary schools: implementation difficulties and their implications for school–based mental health promotion. *Child and Adolescent Mental Health*, 2013, 18(3): 158–164.

③ Martin R A. Social and Emotional Learning Research : Intervention Studies for Supporting Adolescents in Turkey. *Procedia–Social and Behavioral Sciences*, 2012, 69: 1469–1476.

④ 王福兴、段婷、申继亮：《美国社会情绪学习标准体系及其应用》，《比较教育研究》2011年第3期。

⑤ 肖连群：《三维目标背景下社会情绪学习初探》，南京：南京师范大学2013年硕士论文。

⑥ 陈权：《社会与情绪学习及其实施策略——基于美国中学课堂的教学与实践》，《比较教育研究》2015年第2期。

⑦ 吴先琳、陆柳、陈权：《社会与情绪学习：内涵、实质及教育功能》，《学术探索》2016年第11期。

第三节 社会情绪学习课程开发现状

一、国外研究现状

美国在 CASEL 成立初期，课程项目都是依靠各州推出法案的形式推行下去的。从2001年起，《有教无类法案》（*NO Child Left Behind Act*）的出台标志着社会情绪学习开始在美国整个国家推广、实践。[①] 此后，伊利诺伊州在2003年发布的关于儿童心理健康的法案中规定：州内的每一所学校都应该将社会和情感发展纳入学校教育计划中。同年，"社会情绪学习标准"由伊利诺伊大学芝加哥分校制定出来，并在州内的所有中小学实行，自此社会情绪学习进入学校的日常教学，成为从幼儿园到高中的基本教育内容。[②]2006年，纽约州发布《儿童心理健康法案》的同时投入620万美元，以便加强教育部和心理健康部门的交流合作，促进学校社会情绪学习的发展实践。在全球，SEL 项目覆盖了数万所学校，该项目从美国发起，逐步推广到欧洲、大洋洲、美洲、东南亚等国家和地区。[③]

伴随着心理健康法案的发布，许多由社会情绪学习研究者开发的项目也应运而生，并且快速在美国各州推广。这些教育方案覆盖了从幼儿园到中学十二个年级的学生。2003年，CASEL 组织研究并评选出

---

① 燕子涵：《初二学生情绪调节能力、学业负担态度及心理健康的关系和干预研究》，陕西师范大学2014年硕士论文。

② 陈权、陆柳：《美国社会情绪学习计划及在中学课堂实施策略研究》，《外国中小学教育》2014年第10期。

③ 李蕊、朱安安：《美国社会情绪学习课程选介——"促进选择性思维策略"课程》，《中小学心理健康教育》2012年第10期。

了侧重提高学生情绪能力的六个优秀项目，分别为"促进选择性思维策略"（Promoting Alternative Thinking Strategies，简称PATS）、"创造性解决冲突与合作学习"（Resolving Conflict Creatively and Partners in Learning）、"第二步"（Second Step）、"关爱学校团体"（Caring School Community）、"多种冲突解决"（Productive Conflict Resolution），以及近期发展的"强健儿童"（Strong Kids）课程项目。有些学者对这些参与了社会情绪学习课程的孩子进行了追踪研究，结果表明以学校为基础的社会情绪学习课程可以有效地减少孩子们的问题行为，促进其积极行为的产生和发展[1]，帮助他们形成良好的学业态度，提高他们的学业成绩。[2] 此外，这些课程对于学生养成良好的道德品质也起到了不可忽视的作用。[3] 这样的成果使得我们开展这项工作的意义更加丰富，也为一线教师和关注儿童心理健康的教育专家的工作提供了新的思路和方向。社会情绪学习是将心理健康加入教育这一行列，把以学校为基础的心理健康和生活技能训练完美结合起来的成果。

然而，我们发现上面提到的大多数都是耗时多、周期长且资金投入大的项目，有没有花费更少且更容易实施的项目呢？答案是肯定的。强健儿童项目面向的就是资源相对有限但是又想开展针对学生的社会情绪学习课程的学校。在梅里尔（Merrell）的研究中，他们强调了强

[1] Raimundo R,Marques-Pinto A,Lima M L.The Effects of A Social Emotional Learning Program On Elementary School Children: The Role of Pupils' Characteristics. *Psychology in the Schools*,2013,50(2): 165-180.

[2] Najaka S S, Gottfredson D C, Wilson D B, A meta-analytic inquiry into the relationship between selected risk factors and problem behavior. *Prevention Science the Official Journal of the Society for Prevention Research*, 2001, 2(4): 257-271.

[3] Durlak J A, Weissberg R P, Dymnicki A B, et al. The Impact of Enhancing Students&Rsquo;Social and Emotional Learning: A Meta-Analysis of School-Based Universal Interventions. *Child Development*, 2011, 82(1): 405-432.

健儿童项目能有效地提高学生的社会情绪技能。相关研究也得出了相似的结论，表明强健儿童项目在提高学生心理健康水平、学生的学业成绩和社会情绪行为方面有积极作用。[1]

社会情绪学习课程同时也在其他国家开展，并且取得了积极效果，如加拿大[2]、芬兰[3]、英国[4]等。从2012年开始，强健儿童项目受到了许多不同国家的认可，并被积极地引入本国。卡斯特罗-奥利沃（Castro-Olivo）和梅里尔在此项工作中做出了很大贡献，他们开发并验证了拉丁文版的项目，得到了参与项目的教师和学生的一致好评，参与学生的自我报告数据也显示出了显著进步。[5]哈莱彻（Harlacher）和梅里尔对强健儿童项目的持续性进行了研究，并且证实在干预项目结束后的两个月，学生的自我报告显示此项目对他们的心理弹性仍然有干预效果。[6]

---

[1]　Merrell C. Validating cultural adaptations of a school-based social-emotional learning program for use with Latino immigrant adolescents. *Advances in School Mental Health Promotion*, 2012, 5(2): 78-92.

[2]　Collie R J, Shapka J D, Perry N E. School Climate and Social-Emotional Learning:Predicting Teacher stresss, Job Satisfaction,and Teaching Efficacy. *Journal of Educational Psychology*,2012,104(4): 1189-1204.

[3]　Katja J,Annukka H,Aring,et al.Children's experiences of a drama programe in social and emotional learning. *Scandinavian Journal of Caring Sciences*, 2011, 25(4): 671-678.

[4]　Humphrey N, Lendrum A, Barlow A,et al. Achievement for All: Improving Psychosocial Emotional Outcomes for Students With Special Educational needs and disabilities. *Research in Developmental Disabilities*,2013,34(4): 1210-1225.

[5]　Merrell COKW. Validating cultural adaptations of a school-based social-emotional learning program for use with Latino immigrant adolescents. *Advances in School Mental Health Promotion*,2012, 5(2): 78-92.

[6]　Merrell K W. Social and Emotional Learning as a Universal Level of Student Support: Evaluating the Follow-up Effect of Strong Kids on Social and Emotional Outcomes. *Journal of Applied School Psychology*,2010,26(3): 212-229.

二、国内研究现状

　　我国关于社会情绪学习的研究起步较晚，研究成果也较少。笔者在中国知网上搜索"社会情绪学习"后发现，从2011年才陆续开始有关于社会情绪学习的文章发表。但是从2011年开始，几乎每年的文章发表数量都在增加。我国对于社会情绪学习的研究主要是对美国社会情绪学习课程的选介、初步思考该课程对我国的启示，在实践层面，近年来出现了课程试点。

　　社会情绪学习近年越来越多地受到我国学者的关注。韦钰院士在"做中学"以及"科学教育"项目中就曾借鉴社会情绪学习理念，提倡从小培养学生的社会能力和情绪智力。[①]

　　我国学者寇彧将社会情绪学习课程引入小学课堂，参照"促进选择性思维策略"项目，设计出提高小学四年级学生情绪胜任力的课程，研究结果显示，儿童的情绪觉知、情绪识别、情绪调节得到显著提高。[②]魏华林和朱安安对美国的"第二步"课程进行了选介，从理论基础、主要内容、应用实例三方面进行了介绍，认为该课程学习内容具体丰富、教学方法灵活、评价方法详细。我国可以以该课程作为参考，围绕情绪理解、情绪调节等概念，从认知、生理调节、行为等多个角度出发，对学生进行情绪能力教育。[③]

　　李蕊和朱安安对美国"促进选择性思维策略"课程进行了选介，

---

①　韦钰：《对"做中学"科学教育的期望》，《内蒙古教育》2009年第5期。韦钰、罗韦尔：《探究式科学教育教学指导》，北京：教育科学出版社，2005年，第51-60页。

②　寇彧、徐华女、倪霞玲、唐玲玲、马来祥：《提高小学四年级学生情绪胜任力的干预研究》，《心理发展与教育》2006年第2期。

③　魏华林、朱安安：《美国社会情绪学习课程选介——"第二步"课程》，《中小学心理健康教育》2012年第12期。

从理论基础、主要内容、应用实例三方面做了介绍，认为美国"促进选择性思维策略"课程符合学生兴趣，有很强的目的性和灵活性，适用范围广，而且不局限于情绪领域，可以迁移到其他领域，有长期的效果。这说明基于我国文化背景，借鉴社会情绪学习实施社会情绪能力培养，可能是解决我国现在重知轻情失衡的有效手段。①魏锦和朱安安认为美国的"强健儿童"课程适用范围广泛、课时简短、花费低、高度结构化和半脚本化，而且具有真实有效性。②

徐慧敏和曹辉认为美国的"积极行动"课程对我国的启示是：我们需要关注学生的内心情感世界，开发"思想品德"系列课程、改进思想品德课的教学方法，培养和提高学生的情绪管理能力，全面提高学生的综合素质。③

徐慧敏和曹辉对美国社会情绪学习项目中具有代表性课程计划的介绍，让读者更加了解社会情绪学习项目在美国校园的具体实施方法。李蕊和朱安安对"促进选择性思维策略"课程和"强健儿童"课程的理论基础和课程内容进行了详尽介绍。PATS 的理论基础是情感-行为-认知-动力模型和神经认知模型。它的主要内容包括：教师通过教授学生情绪识别和情绪语言表达技巧来提升学生的水平交流能力。教师使用卡通图片，让学生理解各种情绪的面部表情，促进学生对基本情绪的理解；卡片内容包括表情状态的面部图画（通过右脑识别）和相应的表情词（通过左脑识别），积极情绪使用黄色卡片，消极情绪使用蓝色

---

① 李蕊、朱安安：《美国社会情绪学习课程选介——"促进选择性思维策略"课程》，《中小学心理健康教育》2012年第10期。

② 魏锦、朱安安：《美国社会情绪学习课程选介——"强健儿童"系列课程》，《中小学心理健康教育》2012年第11期。

③ 徐慧敏、曹辉：《美国中小学"积极行动"课程的设计、实施与启示》，《教育探索》2016年第7期。

卡片。教师通过情境想象法或游戏，让学生体验不同情绪状态（如愉快、紧张）下的身体感觉；教导学生观察同伴的面部表情和肢体动作，学习情绪状态的各种线索，鼓励学生用语言表达自己的情绪，以促进左右脑的神经整合。[①]"强健儿童"的理论基础是认知-行为疗法，主要内容包括：理解自身情绪、应对愤怒、理解他人的感受、清晰的思维、积极思维的力量、解决人际关系问题、释放压力以及设定目标、改变行为等。最后，作者还给出了"强健儿童"课程的一个实际应用案例，以帮助读者更好地理解这个课程。[②]

李超和蔡敏详细介绍了"积极行动"课程的理论基础和主要内容。"积极行动"课程建立在"自我概念"理论的基础上，该理论认为，人对自己以及周围环境会产生认识，包括对自己的身体、智力、社会、情感等方面的认识，而这些认识会受到个人行为的影响，在很大程度上，行动能够改变想法或感受，从而决定自我概念。"积极行动"课程的主要内容包括：建立自我概念、采取促进身心健康的积极行动、管理自己的社会情绪、以恰当的方式对待他人、以诚实的方式对待自己和他人，以及不断提高自己的社会情绪能力。最后，作者总结了"积极行动"课程所取得的成效以及给我国中小学教育带来的启示。[③]

在实践研究方面，随着美国社会情绪学习项目在许多国家推广开来，我国教育部也加紧与联合国儿童基金会合作，将社会情绪学习项目引入中国。

---

① 李蕊、朱安安：《美国社会情绪学习课程选介——"促进选择性思维策略"课程》，《中小学心理健康教育》2012年第10期。

② 魏锦、朱安安：《美国社会情绪学习课程选介——"强健儿童"系列课程》，《中小学心理健康教育》2012年第11期。

③ 李超、蔡敏：《美国中小学"社会与情绪学习"的实施及其启示——以"积极行动"课程为例》，《外国教育研究》2015年第1期。

（一）教育部与联合国儿基会的合作项目

随着全球化的发展，联合国儿童基金会也开展了社会情绪学习在中国的推广。在中国教育部和联合国儿童基金会的大力支持下，教育部-联合国儿童基金会社会情感学习项目成立，并于2012年9月正式启动。

该项目旨在引导学校和家庭为孩子创建一个安全、快乐、包容并具有参与性的学习和生活环境，培养孩子积极地认识自我、形成良好的沟通能力、敢于面对困难并知道如何寻求帮助以解决问题。

教育部-联合国儿童基金会社会情感学习项目在借鉴国际经验的基础上，结合中国实际，形成了具有中国特色的"以促进学生对自我、他人与集体的认知与管理意识、知识和技能的提升"为目的的社会情绪学习框架。项目以中国的广西、云南、贵州、新疆、重庆五个省、直辖市、自治区的250多所小学作为实验学校，通过实证研究手段，了解学生社会情感发展现状，分析学校制度与管理、课堂教学、学校氛围、家校合作等相关影响因素；通过对社会情绪学习的理论培训，基于学校管理的改进、教学模式与校本课程的开发、家校合作等支持性的学校氛围的建设，在校内外形成"相互尊重、理解和支持"的人际关系与积极氛围，培养学生的自信心、责任意识，建立积极的人际关系，让学生有效地面对成长过程中的挑战，促进学生身心的全面发展。教育部-联合国儿童基金会社会情感学习项目在中国已迈出了坚实的第一步，做出了有益的探索。项目的继续实施，必将为中国基础教育发展做出重要贡献。[1]

---

[1]　教育部-联合国儿童基金会"社会情感学习与基础教育质量提升"国际学术研讨会社会情感学习项目介绍，2014年。

（二）上海市静安区"社会性与情绪能力养成"项目

自2009年起，上海市静安区开始在7所幼儿园和9所小学试点实施"社会性与情绪能力养成"项目。经过近百名教师长达六年多的摸索和改进，静安区小学阶段的"社会性与情绪能力养成"课程正逐步走向成熟。

2012年12月26日，静安区小学"社会性与情绪能力养成"项目推进会在上海市第一师范学校附属小学召开，与会的学校校长和领导就几年来的项目试点工作进行了总结汇报，详细介绍了项目课程的五大亮点，即"国际化课程的本土化创造的经验""家校一体""实践创新""教师团队的打造""数字化原创软件的特殊贡献与作用"，以及课程的结构体系、核心理念、主题分布等。与会人员还一同观摩了一堂由课程研发团队核心成员、静安区教育学院"做中学"研究所的肖替霖老师执教的"社会情绪"课——《真的不是我》。为了避免被干扰，整堂课以转播形式进行，在观课的同时，与会人员通过平板电脑实时体验学生课堂学习的内容。公开教学结束后，肖替霖老师向所有来宾的平板电脑上推送了与此次教学相联系的"家庭对话"内容，让大家更好地了解"家校一体"在课程中的具体表现。《真的不是我》只是静安区"社会性与情绪能力养成"项目的一个缩影，该课程已开发多个主题，都与学生的学习生活紧密相连，如"因你而温暖"针对学生的冷漠情绪，从积极的方面去引导学生，让学生体会当一个人非常孤独、需要帮忙的时候，点点滴滴的关心会带给他怎样的温暖。又如"徽章摘下后"讲述了该如何处理班干部竞选落选后的情绪。"有啥了不起"针对嫉妒情绪的处理。"我也想参加"针对一些被边缘化的孩子，可能他们并不受欢迎，在小组活动中也常常受排挤，该课程教会他们面对这种状况该如何处理。[1]

---

[1]　http://www.age06.com/Age06Web3/Home/MobileImgFontDetail/fcb7ec35-313b-4536-a13d-b1f0eb197199.

第四节　社会情绪学习现有评估工具的缺乏

一、国外研究情况

国外有关社会情绪能力的研究使用的评估工具大多存在以下几方面不足：第一，量表条目较多，完成评估需要的时间过长，一些评估工具不仅包含学生自评的社会情绪能力评定量表，还包括需要家长和老师来完成的观察和访谈内容。[①]例如学生优势评估问卷[②]和行为情绪量表[③]，完成一份量表需要花费大量成本。第二，评估工具编制过程中参照的理论模型多种多样，与 CASEL 组织定义的社会情绪能力的五个维度不一致。例如发展支持评估[④]包含家庭和社区支持维度的评估，综合学校气氛问卷[⑤]包含校园氛围维度的评估，社交能力改善体系[⑥]（格雷纳姆和埃利奥特）包含学生的学业表现方面的评估。第三，一些评估

---

① 　Denham 2015; Denham,et al. 2010; Elliot,et al. 2015; Haggerty,et al. 2011; McKown 2015.

② 　LeBuffe P A, Shapiro V B, Naglieri J A. The Devereux Student Strengths Assessment (DESSA) comprehensive system: Screening, assessing, planning, and monitoring. *Journal of Applied Developmental Psychology*, 2018,55: 62–70.

③ 　Benner G J, Beaudoin K, Mooney P, Uhing B M, Pierce C D.Convergent validity with the BERS–2 teacher rating scale and the Achenbach teacher's report form: A replication and extension. *Journal of Child and Family Studies*, 2008,17: 427–436.

④ 　Search Institute. *Developmental assets profile (DAP)*. Retrieved from http://www.search–institute.org/surveys/dap,2014.

⑤ 　National School Climate Center.The comprehensive school climate inventory(CSCI). Retrieved from http://www.schoolclimate.org/programs/csci.php .2016.

⑥ 　Gresham F,Elliott S N.*Social skills improvement system (SSIS) rating scales*. San Antonio, TX: Pearson Education Inc.2007.

工具涵盖的社会情绪能力维度不够全面。例如亲社会倾向量表[1]仅仅评估了儿童的利他行为，儿童情感技能评估量表[2]只评估了学生的情感技能（舒尔茨等〔Schultz et al.〕，2004）。纵观国外关于社会情绪能力评估工具的研究，我们发现缺少一个简洁而又全面的评估 CASEL 五种社会情绪能力维度的工具。为提高评估工具的实用性和有效性，社会情绪能力评估工具需要满足以下三点：（1）量表条目较少，完成量表需要的时间少，花费成本低，能够满足大量学生集体施测。（2）量表评估的社会情绪能力维度与 CASEL 组织定义的五种社会情绪能力维度相一致。（3）在量表形式的选择上，与需要家长和老师共同参与的评估工具相比，学生自陈量表有其自身的优势。学生自陈量表的优势在于——第一，完成这类量表所需的时间减少，一个班级的测量大概15分钟就可以完成；第二，这种自陈量表可以让学生提出他们自身在社会情绪能力方面的优势和劣势，方便学校更好地规划和实施社会情绪学习项目；第三，学生自陈量表相比较老师评定的量表来说，能够更加准确地报告他们的社会情绪能力。

二、国内研究情况

国内专门针对社会情绪能力的研究较少，现有研究大多围绕国外社会情绪学习课程展开，主要针对社会情绪学习的标准体系及基本特征、社会情绪学习项目在我国的开展状况、社会情绪学习在学科教学

---

[1]   Carlo G,Hausmann A, Christiansen S, Randall B A.Sociocognitive and behavioral correlates of a measure of prosocial tendencies for adolescents. *The Journal of Early Adolescence*,2003.23: 107–134.

[2]   Schultz D, Izard C E, Bear G. Children's emotion processing: Relations to emotionality and aggression. *Development and psychopathology*, 2004,16(02): 371–387.

中的实践运用等。目前用于评估社会情绪能力的测量工具比较稀缺，研究使用的评估工具主要是引进教育部-联合国儿童基金会社会情感学习项目组编制的工具和研究者自编的量表。通过对国内有关研究的调查，我们发现现有研究主要存在三个方面的问题：（1）国内关于社会情绪能力的评估工具同样未能与国际上普遍认可的 CASEL 组织提倡的核心社会情绪能力五个维度相一致，如胡伶、万恒等人在《农村寄宿制学生社会情感学习能力调查》研究中使用的评估工具仅包含四个维度，分别为自我认知、自我管理、社会认知和人际关系技巧。[①]（2）量表条目较多，施测相对困难。这类工具不仅包含学生自陈部分，同样包含家长和老师、校长的调查问卷。例如陈海军等人在《农村寄宿制学生社会情感发展的现状及策略研究——以重庆市忠县为例》中使用的是教育部-联合国儿童基金会社会情感学习项目组编制的量表[②]，问卷主要包括：《学校基本情况调查问卷》《校长调查问卷》《教师调查问卷》和《学生调查问卷》。此外，国内关于社会情绪能力的评估工具未能按照严格的测量学标准进行检测，如胡伶、万恒等人的研究中采用的自编开放式提问问卷很难保证测量的可靠性。（3）评估工具在施测过程中的样本选择上存在局限性，如杨群等人在《社会情感学习在我国学校的应用策略研究——以宁夏盐池县项目学校为例》中使用自编的社会情感问卷对学生社会情感发展状况进行测量。[③]问卷分为自我认知、自我管理、社会认知、社会管理和负责任决策五个维度，共26

① 　胡伶、万恒：《农村寄宿制学生社会情感学习能力调查》，《中国教育学刊》2012年第9期。

② 　陈海军：《农村寄宿制学生社会情感发展的现状及策略研究——以重庆市忠县为例》，重庆师范大学硕士论文，2014年。

③ 　杨群：《社会情感学习在我国学校的应用策略研究——以宁夏盐池县项目学校为例》，宁夏大学硕士论文，2014年。

个题目。该问卷的样本来源为盐池县的四所中小学校，尽管作者表示该问卷具有较好的内部一致信效度。但是作者在研究中并没有对量表的信效度进行检验，样本选取也仅仅局限在盐池县的四所学校，无论是量表的可靠性还是样本的代表性都有待商榷。

综上所述，国外有关社会情绪学习的研究起步较早，国内对社会情绪学习的研究是在教育部和联合国儿童基金会共同举办的"社会情感学习与基础教育质量提升"国际学术研讨会之后兴起的。所以相较于国外，我国关于社会情绪学习的研究起步较晚，研究成果的数量也较少，国内关于社会情绪学习的研究大多还停留在理论探索的层面。尽管选介多种社会情绪课程证实社会情绪学习对于促进学生的学习、提升学生的素质和表现、形成学生积极的行为、打造良好的学校环境等有着不可忽视的作用，但相关课程在实践方面才刚刚起步，尤其缺乏社会情绪学习的评估工具和实操方案。

第三章　实操工具

第一节　特拉华社会情绪能力量表中文版

特拉华社会情绪能力量表（Delaware Social and Emotional Competency Scale，DSECS）由美国特拉华大学的乔治·贝尔（George Bear）博士和杨春燕博士于2015年共同编制，并于2016年正式发表。在取得编制者的授权后，我们在导师带领下将原量表翻译成中文，然后由量表编制者之一的杨春燕博士对中文译稿进行核对审定，形成初稿；再由两名英语翻译专业的研究生将修改后的初稿回译成英文，并与量表的英文原版相对照，经过反复翻译与回译，尽量使条目含义准确、清晰、易懂。最后由杨春燕博士确定回译版本与原英文版的意义一致性，同时对指导语进行修订，最终确定12个条目的特拉华社会情绪能力量表中文版。然后在一部分受试者中进行小范围的施测，结果显示量表得到受试者较好的反馈。

特拉华社会情绪能力量表属于学生自我报告式量表，要求受试者评估条目所示行为或看法与自身的相似程度，共包括12个条目，分为4个维度，分别为负责任的决策（3个条目）、同伴关系（3个条目）、社会觉知（3个条目）和自我管理（3个条目）。评分方式采用4点计分："一点也不像我"计1分，"不是非常像我"计2分，"有点像我"计3分，"非常像我"计4分。负责任的决策分量表中的"当我遇到麻烦的时候我会指责别人"一题为反向计分，将反向计分条目转换后计算所有条目的总分，得分越高表明社会情绪能力水平越高。

表3-1 特拉华社会情绪能力量表

指导语：下列描述是否符合你对自己的评价？请对照自己并在后面相应的选项下打"√"。程度从左至右递增，答案没有对错之分，请你根据自己的实际情况如实回答。

仔细阅读下面的选项并在符合自己实际情况的选项下打"√"	一点也不像我	不是非常像我	有点像我	非常像我
1. 当我遇到麻烦的时候我会指责别人				
2. 我会考虑别人的感受				
3. 我能控制自己的行为				
4. 我善于处理和他人的冲突				
5. 我对自己的行为负责				
6. 我关心别人的感受				
7. 行动之前我会思考				
8. 我和别人友好相处				
9. 我善于分辨对错				
10. 别人的想法对于我来说是重要的				
11. 对于我想得到的东西，我善于等待				
12. 我有一个或者多个亲密伙伴				

第二节 特拉华欺负受害量表（学生卷）中文版

特拉华欺负受害量表（学生卷）中文版 (Delaware Bullying Victimization Scale–Student，DBVS–S) 可以用来评估学生在学校受欺负的状况。该量表由谢家树和吕永晓共同修订，信效度良好。[1]量表的中文版和原版本在结构上保持了一致，共有12个条目，分为三个维度：言语欺负（4个条目）、身体欺负（4个条目）、社会 / 关系欺负（4个条目）。量表采用李克特（Likert）6点计分："1"表示"从来没有"，"2"表示"偶尔"，"3"表示"一个月一两次"，"4"表示"一个星期一次"，"5"表示"一个星期多次"，"6"表示"每天都有"，得分越高说明被欺负现象越严重。

表3-2 特拉华欺负受害量表（学生卷）

指导语：下面是关于你在学校的一些情况的描述，请根据你的情况在方框内打"√"。

从入学以来，以下行为是否在你身上发生过？请标示最准确描述该频率的选项	从来没有	偶尔	一个月一两次	一星期一次	一星期多次	每天
1. 我被其他人嘲弄，他们说了一些很伤人的话						
2. 我被其他人刻意推搡						
3. 同学们把我排除在一些事情之外，这使我感到很难过						
4. 有同学对我说了一些很难听的、卑鄙的话						

---

① Collaborative for Academic, Social, and Emotional Learning. (n.d.)www.casel.org.

续表

从入学以来，以下行为是否在你身上发生过？请标示最准确描述该频率的选项	从来没有	偶尔	一个月一两次	一星期一次	一星期多次	每天
5. 我被人恶意地用拳头打过或用脚踢过						
6. 有同学怂恿其他人不要和我做朋友						
7. 我被取了一些我不喜欢的外号						
8. 有同学刻意弄坏或偷取我的东西						
9. 有同学怂恿其他人说我的坏话						
10. 有同学对我开了些伤人的玩笑						
11. 有同学威胁说要伤害我						
12. 有同学以另外的同学不喜欢我为由，要其他同学不要和我交朋友						

第三节　抑郁量表

　　流调中心用抑郁量表（Center for Epidemiologic Studies Depression Scale，CES-D）来评估个体抑郁水平。抑郁量表的编制者拉德洛夫（Radloff）于1977年设计编制了该自评量表[①]，国内学者陈祉妍等考察了

① 　Durlak J A, Weissberg R P. Promoting social and emotio nal development is an essential part of students' education. *Human Development*, 2011,54: 1-3.

其在我国青少年人群中的适用情况，该量表为国内外广泛应用的抑郁测查工具，在已有的研究中显示出了良好的信效度。量表共包含20个条目，涵盖抑郁症状的主要方面，填表时要求受试者报告最近一周内的症状或感觉出现的频度。量表采用4点评分："1"表示"偶尔或没有"，"2"表示"有时"，"3"表示"经常或一半时间"，"4"表示"大部分时间或持续"。总分范围为20～80分，得分越高表示抑郁症状越严重。

表3-3　流调中心用抑郁量表

指导语：下面有20条陈述，请在最能描述最近一周里你的感觉的选项下打"√"。

内容	没有或很少有（少于1天）	有时或小部分时间(1~2天)	时常或一半的时间(3~4天)	绝大多数或全部时间(5~7天)
1.一些通常并不困扰我的事最近使我心烦				
2.我不想吃东西，我胃口不好				
3.我觉得即便有家人和朋友帮助也无法摆脱悲伤				
4.我感觉我同别人一样好				
5.我很难集中精力做事				
6.我感到忧郁				
7.我感到做什么事情都很吃力				
8.我觉得未来有希望				
9.我认为我的生活一无是处				

内容	没有或很少有（少于1天）	有时或小部分时间（1~2天）	时常或一半的时间（3~4天）	绝大多数或全部时间（5~7天）
10. 我感到恐惧				
11. 我的睡眠质量不好				
12. 我很幸福				
13. 我比平时话少了				
14. 我感到孤独				
15. 人们对我不友好				
16. 我生活快乐				
17. 我曾经放声痛哭				
18. 我感到忧愁				
19. 我觉得别人不喜欢我				
20. 我走路很慢				

第四节　简易应对方式量表

简易应对方式量表由解亚宁和张育坤在国外应对方式量表基础上，根据实际应用需要，结合我国人群的特点编制而成。

问卷为自评量表，采用多级评分制，在每一应对方式项目后，列有"不采用""偶尔采用""有时采用"和"经常采用"四种选项（相应的评分为0、1、2、3），由受试者根据自己的情况选择一种作答。条目1—12重点反映了积极应对的特点，条目13—20重点反映了消极应对的特点。结果为积极应对维度的平均分和消极应对维度的平均分。实际应用时还应进一步分析各条回答的评分情况。

应对倾向＝积极应对标准分—消极应对标准分

表3-4　简易应对方式量表

指导语：以下列出的是当你在生活中遇到挫折打击时可能采取的态度和做法。请你仔细阅读每一项，然后在右边选择答案，"不采取"分值为0，"偶尔采取"分值为1，"有时采取"分值为2，"经常采取"分值为3，请在最适合你本人情况的数字上打"√"。

遇到挫折打击时可能采取的态度和方法	不采取	偶尔采取	有时采取	经常采取
1. 通过工作学习或其他一些活动解脱	0	1	2	3
2. 与人交谈，倾诉内心烦恼	0	1	2	3
3. 尽量发现事物好的一面	0	1	2	3
4. 改变自己的想法，重新发现生活中重要的是什么	0	1	2	3
5. 不把问题看得太严重	0	1	2	3
6. 坚持自己的立场，为自己想得到的东西而斗争	0	1	2	3
7. 找出几种不同的解决问题的方法	0	1	2	3
8. 向亲戚朋友或同学寻求建议	0	1	2	3
9. 改变原来的一些做法或自己的一些问题	0	1	2	3
10. 借鉴他人处理类似困难情况的方法	0	1	2	3
11. 寻求业余爱好，积极参加文体活动	0	1	2	3
12. 尽量克制自己的失望、悔恨、悲伤和愤怒情绪	0	1	2	3
13. 试图休息或休假，暂时把问题（烦恼）抛开	0	1	2	3
14. 通过吸烟、喝酒、服药和吃东西来解除烦恼	0	1	2	3

续表

遇到挫折打击时可能采取的态度和方法	不采取	偶尔采取	有时采取	经常采取
15. 认为时间会改变现状，唯一要做的便是等待	0	1	2	3
16. 试图忘记整个事情	0	1	2	3
17. 依靠别人解决问题	0	1	2	3
18. 接受现实，因为没有其他办法	0	1	2	3
19. 幻想可能会发生某种奇迹以改变现状	0	1	2	3
20. 自己安慰自己	0	1	2	3

第五节　青少年社会支持量表

青少年社会支持量表由叶悦妹、戴晓阳、崔汉卿和王娥于2008年编制，该量表以肖水源的社会支持理论模型为基础。量表包括受试者得到的社会支持资源和其对已有资源的利用情况。

量表包括主观支持、客观支持和支持利用度3个维度，共17个条目。采用5点计分法，即"符合"记5分，"有点符合"记4分，"不确定"记3分，"有点不符合"记2分，"不符合"记1分。

主观支持分量表：包括1、4、6、7、9共5个条目，反映受试者主观感觉到自己拥有的社会支持方面的资源。

客观支持分量表：包括8、10、11、13、15、16共6个条目，反映受试者认为自己实际得到的社会支持状况。

支持利用度分量表：包括2、3、5、12、14、17共6个条目，反映受试者主动利用社会支持的情况。

表3-5 青少年社会支持量表

指导语：你好！请根据你自身与各个项目描述情况相符合的程度，在每题后相应的数字上打"√"。请根据你的真实情况填写，我们承诺对你的资料严格保密。完成这份问卷可能会耽误你一点宝贵的时间，在此向你表示衷心的感谢。

年级_____性别_____

项目	符合	有点符合	不确定	有点不符合	不符合
1. 大多数同学都很关心我	5	4	3	2	1
2. 面对两难的选择时，我会主动向他人寻求帮助	5	4	3	2	1
3. 有烦恼时，我会主动向家人倾诉	5	4	3	2	1
4. 我经常能得到同学、朋友的照顾和支持	5	4	3	2	1
5. 遇到困难时，我经常会向家人寻求帮助	5	4	3	2	1
6. 我周围有许多关系密切、可以给予我支持和帮助的人	5	4	3	2	1
7. 在我遇到问题时，同学、朋友会出现在我身旁	5	4	3	2	1
8. 在困难的时候，我可以依靠家人	5	4	3	2	1
9. 我经常从同学、朋友那里获得情感上的帮助和支持	5	4	3	2	1
10. 我经常能够得到家人的照顾和支持	5	4	3	2	1
11. 需要时，我可以从家人那里得到经济支持	5	4	3	2	1
12. 当遇到麻烦时，我通常会主动寻求别人的帮助	5	4	3	2	1
13. 当我生病时，总能得到家人的照顾	5	4	3	2	1

续表

项目	符合	有点符合	不确定	有点不符合	不符合
14. 有烦恼时，我会主动向同学、朋友倾诉	5	4	3	2	1
15. 在我遇到问题时，家人会出现在我身旁	5	4	3	2	1
16. 我经常从家人那里获得情感上的帮助和支持	5	4	3	2	1
17. 遇到困难时，我经常会向同学、朋友寻求帮助	5	4	3	2	1

第六节　人际信任量表

人际信任量表（Interpersonal Trust Scale，简称 ITS）由罗特（Rotter J B）于1967年编制，用于测查受试者对他人的行为、承诺（口头和书面）或陈述的信任程度。

项目6、8、12、14、16、17、18、20、21、22、23、25为正序记分，即选"完全不同意"记1分，"部分不同意"记2分，"中立"记3分，"部分同意"记4分，"完全同意"记5分。

其余项目1、2、3、4、5、7、9、10、11、13、15、19、24为反序记分，即选"完全不同意"记5分，"部分不同意"记4分，"中立"记3分，"部分同意"记2分，"完全同意"记1分。

所有项目得分累加即为总分，量表总分从25分（信赖程度最低）至125分（信赖度最高），中间值为75分，总分越高人际信任度越高。

表3-6 人际信任量表

指导语：使用以下标准表明你对下列每一陈述同意或不同意的程度

1＝完全不同意　　　　2＝部分不同意　　　　3＝中立

4＝部分同意　　　　　5＝完全同意

项目	1	2	3	4	5
1. 社会上虚伪的现象越来越多了					
2. 与陌生人打交道时，你最好小心，除非他们拿出可以证明其值得信任的依据					
3. 这个国家的前景十分黯淡，除非我们吸引更多的人进入政界					
4. 阻止多数人触犯法律的是恐惧、社会廉耻或惩罚，而不是良心					
5. 考试时老师不监考可能会导致更多的人作弊					
6. 通常父母在遵守诺言方面是可以信赖的					
7. 联合国永远也不会成为维持世界和平的有效力量					
8. 法院是我们都能受到公正对待的场所					
9. 如果得知公众听到和看到的新闻有多少已被扭曲，多数人会感到震惊的					
10. 不管人们怎样表白，最好还是认为多数人主要关心其自身幸福					
11. 尽管在报纸和电视中均可看到新闻，但我们很难得到关于公共事件的客观报道					
12. 未来似乎很有希望					
13. 如果真正了解国际上正在发生的政治事件，那么公众有理由比现在更加担心					
14. 多数获选官员在竞选中的承诺是诚恳的					
15. 许多重大的全国性体育比赛均受到某种形式的操纵和利用					

续表

项目	1	2	3	4	5
16. 多数专家有关其知识局限性的表白是可信的					
17. 多数父母关于实施惩罚的威胁是可信的					
18. 多数人如果说出自己的打算就一定会去实现					
19. 在这个竞争的年代，如果不保持警惕别人就可能占你的便宜					
20. 多数理想主义者是诚恳的，并按照他们自己宣扬的信条行事					
21. 多数推销人员在描述他们的产品时是诚实的					
22. 多数学生即使在有把握不会被发现时也不作弊					
23. 多数维修人员即使认为你不懂其专业知识也不会多收费					
24. 对保险公司的控告有相当一部分是假的					
25. 多数人诚实地回答民意测验的问题					

第四章　活动案例

第一节　"关怀学校社区"课程

"关怀学校社区"（Caring School Community，简称"CSC"）课程项目是美国协作课堂中心（Center for the Collaborative Classroom）组织开设的。该组织是一个非营利性组织，主要任务是设计并推广社会情绪学习课程。该组织以幼儿园到初中的学生作为主要服务对象，为他们推出"关怀学校社区"课程项目。该课程项目主要通过参与式的教学实践，如小组合作学习，让学生在互动式的课堂活动中发展自己的社会情绪能力。

一、案例[①]：引导学生处理人际关系问题

学生：一年级

故事：学生F和学生K课间互相追赶着玩耍，学生F快速地向着学生K跑去，结果将学生K撞倒在地，学生F也磕到了膝盖。学生K大声地喊道："哎哟！你居然推我！"并且将自己的膝盖紧紧地抱住。学生F也大喊："这只是一个意外，我不是故意的！"读完这个故事之

---

① Center for the Collaborative Classroom. *Caring School Community*, 2nd edition. https://www.collaborativeclassroom.org/programs/caring-school-community/.

后，教师提问学生："自己安静地想一想，如果你是学生 K，你会有什么样的感觉呢？如果你是学生 F，你又会怎么想呢？将你的感受和你的同伴交流一下。"之后教师让几个学生谈一谈自己的感受。在学生发言之后，教师可以询问别的学生是否同意他们的说法，再请这些学生谈谈自己的感受。

　　本案例选取的故事有很强的针对性。首先，目标是一年级学生，一年级学生在平时玩耍的过程中非常容易出现碰擦事故。这类事件在低年级学生之间非常常见，极具代表性。其次，一年级学生因为年纪比较小，对于相互之间的谦让和礼貌懂得不多，不太会处理同学之间的小矛盾。听完这则故事之后，学生可以站在旁观者的角度对故事中的人物进行评价，更加客观，也能产生共鸣。教师读完故事，通过提问引导学生思考。通过故事和之后的问答，学生体会到故事中两个人物之间的矛盾和感受。通过这样的方式，可以培养学生站在他人角度思考问题的能力，让学生体会情绪产生的原因以及个人情绪的变化。通过故事的情境创设，教师可以在故事中讲解有关社会情绪能力的知识，学生也有机会在情境中描述各种情绪，以及情绪出现的变化。

二、案例：引导学生尊重他人并管理自己的情绪

　　学生：一年级

　　故事：学生 S 正在和他的两个朋友 A 和 B 一起吃午饭，这时 A 和 B 两个人窃窃私语并发出"咯咯咯"的笑声。学生 S 问道："你们在聊什么好笑的事情呢？"

　　学生 A 和 B 回答道："没什么，没什么。"然后 A 和 B 继续笑着聊天。学生 S 只好作罢。但是午饭后过了一会，学生 A 和 B 共同邀请学生 S 出去做游戏。教师让学生听完故事后，说一说自己的想法。讨论

后由教师进行总结。

这则故事在学生群体当中也常有发生。低年级的学生刚刚进校，刚开始与他人进行交往，难免产生一些不合，但是他们不知道如何处理。这则故事是开放式的结尾，读完故事后，教师不再进行提问，而是让学生自由发挥、说说感想。故事中的人物增多，情节也更加丰富。故事难度的增加，可以让学生加深感知。

学生进行自由讨论，相互交流想法。教师最后的总结可以帮助学生梳理思维，让学生知道面对此事的正确处理方法和调节自己情绪的办法。通过这一故事，可以培养学生对社会的认知、对人际关系的处理能力，完成课程目标。

三、案例：引导学生融入新环境

时间：开学第一天

学生：五年级新生

场地：本班教室

座位安排：学生需要围成一个圈在地毯上坐下（这样每一个学生都可以和别的学生面对面）。如果条件不允许，可以将地毯换成椅子，围成一个圈坐好。

活动流程：

第一步，欢迎学生。在学生进入教室时，教师要热情地向学生问好，告诉他们物品应该放置在哪里，帮助他们找到自己的座位，引导学生和同桌以及邻近的学生相互做自我介绍和问候。

第二步，教授指令。当学生都在位子上坐好之后，教师向学生做自我介绍，并告诉学生这学年大家要将班级建立成一个安全、充满关爱和欢乐的班集体，学生们都很享受在这样的环境中学习和交往。教师教授一些基本的指令，如教师将手举起，表示要求学生集中注意力。

第三步，培养学生养成开展"晨会圈"活动的习惯。教师告诉学生，"晨会圈"活动是每天都要开展的班级常规活动，也是一天当中要开展的第一个活动。教师要培养学生一进入班级就整理好东西，并迅速地在地毯上围成一个圈坐下来的习惯。如果学生没有按照要求有秩序地围成一个圈坐好的话，教师要让全部的学生回到自己位子上重新走一遍。

第四步，"晨会圈"今日内容是"学会问候"。教师首先告诉学生，每次活动开始时大家都要互相问好。尤其是在学期刚刚开始、学生之间还不熟悉的时候，问好这一环节尤为重要。教师可以采用以下方式帮助学生熟悉彼此：每一个学生都以"大家好，我是某某某"向大家问好，之后所有的学生一起回答"你好，某某某"，重复这样的对话直到每一位学生都做了自我介绍并收到了问候。（如果时间还有剩余，可以重复再来一轮。）在学生互相介绍之后，教师可以向学生提问："今天你知道了哪些同学的名字？""晨会圈"结束之后，教师要求学生将物品放回原位，坐到自己的位子上并为上课做好准备。

本案例针对的是开学第一天，通过这一活动，新生可以在新的环境中找到安全感，能更好更快地融入班级，并与他人开始交往。通过相互介绍，学生可以快速认识彼此，还能学会彼此问候的方法，增强学生懂礼貌的意识，使学生学会与他人建立积极的人际关系。在活动中，学生学会一些基本的指令，也为建设班集体打下基础。"晨会圈"活动可以培养学生的自我管理、认识他人和人际交往能力，符合课标的要求。

四、案例：认识生气情绪并尝试用恰当的方式排解情绪

时间：晨谈时间

学生：幼儿园中班

场地：本班教室

活动目标：

（1）让学生知道生气是正常的情绪反应，了解经常生气会影响人的健康；

（2）能积极交流生气时的情感体验，尝试用恰当的方式排解不良情绪；

（3）愿意保持自己快乐的心情。

活动准备：

（1）经验准备：孩子有过生气的经验；

（2）绘本故事《生气汤》的PPT。

活动过程：

（1）图片引入

① 教师出示小主人公霍斯的图片，提问："今天老师带来了一个朋友，他的名字叫霍斯。看，他怎么了？"（在生气……）

② 今天霍斯真的很生气，你从哪里看出来的？我们从他的表情和动作看出来，霍斯今天真的很生气。

③ 猜猜霍斯为什么会这么生气？让我们一起来看看吧！

（2）倾听故事

① 教师出示PPT，讲述故事。

故事：霍斯带来的新书被小朋友弄坏了，他很生气；在表演节目时牛牛踩到了霍斯的脚，可是他没有对霍斯道歉，霍斯很生气；今天放学，爸爸不守信用，请别人来接霍斯，霍斯很生气。

② 霍斯为什么这么生气呀？你们有过生气的时候吗？你什么时候会生气？生气的时候你有什么样的感觉？经常生气会影响自己的身体健康。

③ 霍斯生气后，又发生了哪些事情呢？

故事：霍斯踩坏了花和草地；妈妈跟他打招呼，霍斯叉着腰很没礼貌地发出"哼"的声音；妈妈想抱抱霍斯，他不要，生气地走开了。

④ 霍斯生气了，他都做了什么事情？霍斯这样生气好吗？为什么？

经常生气除了会影响自己的身体健康，也会让身边的人不开心，更会让你失去朋友。

⑤ 妈妈看见霍斯生气了，有没有什么好办法？我们一起看一看吧！

故事：妈妈笑眯眯地邀请霍斯一起煮汤。妈妈烧了一锅水，对着锅说话："今天我发现门口的草地、花朵不知道被谁踩坏了，我很生气；我和霍斯打招呼，他不理睬我，我很生气；我想要抱抱霍斯，他走开了，不要我的拥抱，我很生气。"妈妈对霍斯说："现在，该你了！把不开心的事情说出来吧。"霍斯说："今天我的新书被小朋友弄坏了，我很生气；表演节目时，我被小朋友踩到了脚，可是他没有向我道歉，我很生气；爸爸今天没有来接我，他不守信用，我更生气。"说完不一会儿，水开了。妈妈开始大声说："撒点盐、放点糖，左左左扭三下，右右右扭三下，喷出一口火龙气。啊！我快乐啦！"霍斯笑了，妈妈也笑了。霍斯奇怪地问妈妈："我们今天到底在煮什么汤啊？""生气汤。"妈妈回答。最后，他们把汤都倒掉了，也把一天的不开心都倒掉了。

⑥ 霍斯妈妈想出了什么办法呢？（霍斯和妈妈煮汤，然后把生气的事情对着汤大声地说出来。）现在霍斯的心情怎么样了？生气的时候我们还会有什么好办法让自己的心情好起来？

其实生气很正常，每个小朋友都有生气的时候。我们要学会用各种各样的方法让自己的心情好起来。

（3）"生气汤"游戏

如果你的朋友生气了，你可以怎样帮助他？我们一起来玩一个可以让自己和朋友快乐的游戏——"生气汤"吧！

　　玩法：我们手拉手，围成一个"大锅"的形状。每个人对着大锅大声说出使自己生气的一件事情，然后念儿歌："撒点盐、放点糖，左左左扭三下，右右右扭三下，喷出一口火龙气。啊！我快乐啦！"

　　我现在开心极了，你们心情怎么样？如果你的朋友生气了，你可以和他一起玩这个"生气汤"的游戏，让大家的心情都变快乐。

　　幼儿园的孩子常处于自我中心认知阶段，不懂什么是情绪，以及如何管理和调整自己的情绪，这个案例根据幼儿园孩子的年龄特征，很好地借助绘本故事引起幼儿的兴趣。此绘本故事中的情境与幼儿很多真实的生活情境接近，在教师的引导下，孩子进行讨论和思考。故事借助妈妈煮"生气汤"的巧妙构思充分调动幼儿的积极性，让幼儿将自己的生活经验迁移到活动中，使整个活动达到高潮。

　　课堂中的学习方式以活动为主，可以调动学生的积极性和参与性，同时让学生形成积极的学习态度和学习方式。以主题活动为核心的课程将社会情绪学习作为一种分科课程，在教学中处于主体地位；以活动为主要形式，又避免了教师主讲的情况，重视学生的需要、兴趣和体验，尊重学生的主体性。学生的主动性增强，不再是坐着听讲的知识吸收者，而是变成活动的积极参与者。学生通过亲身体验获得直接经验，有利于培养学生解决实际问题的能力。为了让学生参与活动，教师前期需要进行大量的积极性调动工作，在"关怀学校社区"课程中，该课程对活动顺序、每一次活动的内容以及教师运用的材料和方式等都做出了详细的说明和讲解。为了避免活动出现散漫或沉闷的情况，"晨会圈"的活动让所有的学生都围成一个圈进行，这样的方式可以保证每一个学生都能和他人有眼神接触，让学生感到自己在集体中的存在感。每一次活动都有对应的主题，对于不同的主题内容还要采用不同的方式，或是表演，或是讨论，让教学内容、方式都丰富起来。

第二节   "4Rs"课程

"4Rs"课程是美国晨兴社会责任教学中心（Morningside Center for Teaching Social Responsibility）组织设计并实施的社会情绪学习课程。"4Rs"代表了阅读（Reading）、写作（Writing）、尊重（Respect）和决心（Resolution）。课程面向幼儿园到五年级的学生，重点培养学生的共情、集体建设和解决冲突等社会情绪能力。

课程实施一般分为三个环节：朗读故事、集体讨论和学习应用。首先，教师在故事书中选取戏剧化和有情绪冲突的故事朗读给全班同学听。其次，全班同学针对故事展开讨论，讨论的形式包括自由讨论、写作和角色扮演。最后，教师进行总结，讲解正确的做法，分析本课的重点内容。在实施过程中，教师也会根据不同的教学内容和学生的特点进行调整。

一、案例：加强学生自我认知 [①]

主题：认识你自己（Getting to know yourself）

学生：二年级

课堂实录：

教师：（教师读完一则关于自己房间的绘本故事）我是独一无二的，我是特殊的，这是我的房间，我希望将自己的房间打造成这样。我能

[①] Morningside Center for Teaching Social Responsibility. *Watch The 4Rs in Atlanta!*. https://www.morningsidecenter.org/stories-voices/watch-4rs-atlanta, 2013-12-11/2019-1-13.

要求别人的房间也装饰成这样吗？

　　学生：不能。

　　教师：是的，这是我自己的决定、我自己的想法。在现实生活中，如果有人对你说："你的发型很奇怪！你长得很好笑！"这时，你觉得你可以说什么来定义你自己，为自己辩护呢？

　　学生：我会说"我就是我自己"。

　　教师：对的。做你自己让你开心吗？

　　学生：开心。

　　教师：是的。所以你可以说"我就是我自己"。因为这个世界允许所有人是不一样的。

　　本案例是针对低年级学生开展的，教师在读完故事后即兴发问，让学生思考。教师通过和学生之间的问答，引导学生思考并回答问题。教学从阅读开始入手，教会学生尊重。这则故事是关于自己房间的小故事，教师就地取材，发散思维，提问有关认识自己的问题。在教室中有许多绘本，教师直接选取适合学生年龄段的小故事，从故事中挖掘有关社会情绪学习的内容进行提问。第一个问题"我能要求别人和我一样吗？"是关于认识他人和人际交往的问题。教师提问，引导全班学生思考，让学生初步感知每个人都不一样的事实，并且懂得不能将自己的意志强加于别人，这是人际交往的基本。第二个问题"怎样为自己辩护？"引导学生在情境中感知自我，学会定义自己。最后，教师告诉学生道理："每个人在世界上都是独一无二的。"回到本课的重点内容。

　　本案例就是"4Rs"实施过程的典型体现。教师以学生熟悉的故事为开端，在故事中挖掘社会情绪学习的相关内容，以故事为情境，在情境中引导学生学习。教师读完故事之后让学生讨论并得出结论，最后回归主题，教师讲解正确的做法。

二、案例：培养学生学会冷静 ①

主题：教学生通过深呼吸变冷静

学生：四年级

过程：

第一步，让学生先进行深呼吸，告诉他们将双手放在自己的腹部。教师提问："你们身体的哪个部位能感受到空气的进出？吸入空气和呼出空气时，鼻子是否能感受到？空气进出身体的时候，自己的腹部是否有上升和下降？"

第二步，要求学生做五次到十次的深呼吸，并回答刚刚的问题，告诉他们没有错误答案，让学生们大胆发言。

第三步，要求学生以后在每节课开始之前做两分钟的深呼吸。

第四步，当学生觉得自己不能清晰地感受自己的呼吸时，让学生跟着教师的指令做动作，例如"慢慢地""平静地""呼气""吸气"等，让学生调整呼吸的速度，要求他们减速并加深呼吸。

第五步，随着练习的深入，教师不再发出指令，而让学生找到自己独有的深呼吸的节奏。

提示：教师在指导学生进行深呼吸练习时，可以将室内灯光调暗并播放一些轻音乐，以营造出安静的氛围。

本案例并不是一节典型的"4Rs"课堂，而是教会学生通过深呼吸让自己平静的技巧。这一技巧在"4Rs"课程中，以及在所有的社会情

---

① Mornningside Center for Teaching Social Responsibility. *SEL Tip: Teach Deep Breathing*. https://www.morningsidecenter.org/teachable-moment/lessons/sel-tip-teach-deep-breathing，2018-05-02/2019-01-15.

绪学习课程中，都十分重要。小学生年纪小、性格较为活泼、注意力不太集中，分心是十分常见的。刚刚结束的上一节课、课间拥挤和吵闹的走廊、变换的教室环境都会让学生分心，对进入下一节课的学习产生消极影响。为此，"4Rs"课程要教会学生通过深呼吸快速控制自己的情绪和注意力，并管理自己的压力和情绪，提高自我管理的能力。

三、案例：培养幼儿理解情绪的变化

故事《菲菲生气了》从孩子们最经常遇到的问题展开，一步步展现小姑娘菲菲如何慢慢地平息怒气，又回到家里，避免了与姐姐的正面冲突。故事里有一句关键的话语："是广阔的世界安慰了她。"这个故事给孩子们展示了一个解决问题、平复情绪的方法。

情绪教育是幼儿教育中很重要的一个课题，尤其是已经懂事的幼儿常常不知道要如何处理愤怒、生气的情绪，因此出现争吵打闹，而《菲菲生气了》正是一本相当好的谈"情绪"的绘本。故事对菲菲的情绪变化过程描写得非常逼真，能引起幼儿的情感共鸣，给幼儿良好的暗示。透过故事，幼儿可以理解菲菲情绪变化的过程及原因，知道生气是一种正常的情绪表现，遇到不愉快的事情能尝试自我调节情绪。

值得一提的是，绘本中画面色彩与故事情节配合得相得益彰，画家在创作这本绘本时是用颜色来表现菲菲的情绪的。菲菲生气冲出家门时，连树林都是红色的；随着她步入树林，怒气渐渐消散，画面颜色演变成橙色、深紫红色、深蓝色；到菲菲坐在大橡树的树干上面对平静的湖水时，整个画面已经是蓝、白、绿的清凉色调；最后，菲菲安静地回到家里时，画面又转为温暖的橙色。

为了帮助幼儿更清晰地了解菲菲情绪的变化，教师对作品进行了分析和处理。

（1）为作品分段，理清思路

根据菲菲情绪的变化，可以将作品分为四段：第一段——菲菲为什么会生气（生气的原因）；第二段——菲菲生气但听不进别人劝（生气的状态）；第三段——菲菲怎么自我调节情绪（让自己从生气到不生气的方法）；第四段——菲菲回家（不生气了）。

（2）调整相应情节，改编故事

在分段的基础上，教师对于故事中的一些情节进行了调整。当菲菲生气时，有很多"角色"都在劝慰她，在这些"角色"中，我们保留了幼儿熟悉的大树、小松鼠、小鸟、大石头、小花、小草、微风等。同时，因为这是一次谈话活动，因此教师将一些不必要的情节，如"爬树"等进行了删减，帮助幼儿更清晰地掌握故事的来龙去脉，为谈话活动的开展打下基础。

（3）教学过程

① 观察画面提问

• 这个小孩叫"菲菲"，你们发现她怎么了？

• 她生气的时候是什么样子的？

• 菲菲生气了，非常非常生气，她是为了什么事而生气呢？

（意图：通过观察画面，让小朋友知道菲菲生气了，引出故事。）

② 围绕故事线索，展开谈论

欣赏故事第一段

• 展示画面（幼儿观察图片，结合故事内容讨论、讲述）随后提问："菲菲为了什么事而生气呢？"

• 教师讲述故事第一段："姐姐用力夺走了菲菲的'大猩猩'，菲菲跌倒在地上，菲菲生气了，她踢呀打呀，她叫呀喊呀，她想把所有的东西都砸掉，菲菲生气了，非常非常生气，菲菲是一座就要爆发的火山，她跑了出去……"（过渡到第二段）（意图：通过讨论画面，了解菲菲生气的原因。）

讲述故事第二段

教师讲述故事第二段，幼儿倾听提问。

• "菲菲跑了出去，一直跑，一直跑，一直跑到了森林里。"大树看到生气的菲菲会对她说什么呢？（幼儿回答后用故事语言继续往下说——大树说："菲菲，你怎么啦？"菲菲理也不理，继续往前跑。）

• 小松鼠看到了又会怎么说？（幼儿回答后用故事语言继续往下说——小松鼠说："菲菲，你怎么啦？"菲菲听也不听，还是继续跑着，直到她再也跑不动了，她靠着大树呜呜地哭了起来。）

• 大树和小松鼠都想关心菲菲，菲菲为什么对他们理也不理呢？（她很生气）

教师总结：生气的时候是什么也听不进的，菲菲继续跑，继续跑，一直到她跑不动为止，她靠着大树呜呜地哭了起来！

（意图：通过倾听故事，了解菲菲生气的表现。）

讲述故事第三段

• 出示菲菲不哭的图片，启发幼儿观察。提问：菲菲到底用了什么办法让自己快乐起来的呢？

• 教师讲述故事第三段："咦！……慢慢往家走。"（幼儿安静倾听）提问："为什么菲菲刚才很生气，现在不生气了？"（引导幼儿说说故事里的内容）（预设提问：其实菲菲在这里已经找到了好办法让自己快乐起来，菲菲看到了谁，他[她]好像对菲菲说了什么？）

③ 小结

菲菲发现，听听鸟叫、看看美好的事物、安静地休息一会就可以让自己平静下来，菲菲感觉好多了，于是慢慢地往家走。

本案例就是很典型的"4Rs"案例，由于孩子的年龄比较小，注意力集中的时间比较短，所以朗读故事和分解故事这部分占用的时间会比较长。在教学过程中不断穿插集体讨论，符合幼儿园孩子的年龄特征。《菲菲生气了》这个绘本故事的选择在内容上符合"4Rs"的准则，孩子可以在故事的指引下一步步认识到情绪的变化，自然而然地寻找到疏导情绪的办法。

第三节　"RULER"课程

"RULER"课程是由耶鲁情绪智力中心（Yale Center for Emotional Intelligence）研发的一项面向中小学生的社会情绪学习课程。"RULER"分别代表了：识别（Recognize）、理解（Understand）、标识（Label）、表达（Express）和调节（Regulate）[1]，旨在培养学生识别自己和他人的情绪，理解各种情绪的原因和后果，用复杂的词汇标识情感，用合理的表达调节情绪的能力。"RULER"课程通过课堂授课，培养学生的社会情绪能力。在学校中实施"RULER"课程主要是通过词汇课程展开，以词汇课作为中介，向学生讲解词汇和相关概念，并且加强班级和整个校园的情感氛围的建设，促进学生的社会情绪学习。

一、案例：引导学生友好社交[2]

学生：二年级

内容：词汇教学——"孤立"（Isolate）

---

① 曹慧、毛亚庆：《美国"RULER社会情感学习实践"的实施及其启示》，《比较教育研究》2016年第12期。

② Rulerapproach. *The RULER Approach to social and emotional learning:isolated.* https://ycei.org/ruler.

步骤：

（1）教师询问学生该词的意思，让学生先说一说自己的理解。

（2）教师讲解该词的含义。

（3）学生们畅谈对该词的看法。

（4）教师问：当你被孤立时，你有什么感受？你会有什么样的表现？

（5）选一位同学站到教室最前面，请他根据教师的口述做出相应的动作。教师说出与被孤立之后的反应相关的词，例如"垂头丧气"等，学生按指令做动作。

（6）学生展开讨论：能不能孤立他人？如果自己受到了孤立应该怎么办？

（7）学生小组合作制作有关"孤立"的海报，并展示。

（8）教师总结本课。

从本案例可以看出，基于知识的教学并不是枯燥的教师讲授，还需要有学生的参与、合作和活动。通过对一个词语的解释和描述，利用讨论和制作等方式，丰富了学生对与情绪有关的词汇的理解。在讨论中，学生有机会充分地交流，他们识别他人情绪、人际交往的能力也会得到提高，这符合课程标准的要求。第一步到第三步主要是解释新词，并让学生表达理解。先让学生说一说自己的理解，学生对于情绪的理解可能存在的问题就会体现出来。低年级的学生因为知识范围比较窄，词汇储备也较为薄弱，他们对于单词的理解可能过于狭隘，甚至会出现一些误解，让学生先说一说自己的感想，有利于教师发现学生可能存在的问题，为之后单词的讲解确立重点。教师在讲解之后，再次让学生讨论，加强学生对单词的理解。第四步，教师先问学生对单词的感受，让学生初步感知这一情绪。第五步，学生根据教师的指令做动作，让学生通过肢体语言更深刻地感知不同情绪带来的身体反应。可视化的动作能够让全班学生有更清晰和直观的感受。第六步，学生之间相互讨论，在探讨本课重点词汇的同时，又可以增加学生之间的互动，提高他们的交际能力。最后，通过学生创造力的发挥，完成开放型的作业，帮助学生消化、巩固本课内容。由此可见，"RULER"课程，主要就是通过对与情绪相关的词汇的讲解，让学生以词汇为中心进行发散式的活动，提高学生的社会情绪能力。

二、案例：教会学生识别情绪①

学生：五年级

内容：词汇教学——"兴高采烈的"（Elated）

步骤：

（1）教师介绍该词代表的感受。教师和学生一起讨论"我们在什么时候会感受到非常激动和高兴，并说出自己曾经的经历"。之后，教师向学生解释"Elated"的含义。

（2）教师展示一幅较为抽象的简笔画，让学生尝试用新词来解释这幅画。

（3）学生说一个涉及"Elated"情绪的故事，并用几个句子描述故事中的主人公兴高采烈的经历和表现。

（4）课后，学生询问家人曾经感受到兴高采烈的经历，并做好记录。

（5）第二节课，学生们围绕"Elated"展开讨论，相互交流家人和自己曾感到兴高采烈的故事，或者是现在发生的让人兴高采烈的时

---

① Brackett M A, Rivers S E, Reyes M R, et al. Enhancing academic performance and social and emotional competence with the RULER feeling words curriculum. *Learning & Individual Differences*, 2012, 22(2): 218–224.

事新闻。

　　教师询问："当你们完成很重要的事情时，例如赢得了比赛，你们会有什么感受？"

　　（6）学生以"Elated"为主题，发挥想象，写一个完整的故事，要求故事中的主人公经历从"孤独绝望"到"兴高采烈"的情绪变化。

　　从本案例来看，"RULER"课程的教学主要是以学生参与为主，围绕着情绪词汇展开。第一步教学时，学生首先谈一谈自己关于新词汇的感受，并围绕该词进行讨论，说出自己的理解，之后教师再明确该词的正确含义。学生在学习单词时自己主动参与，并且会分享彼此的见解，这样能够加强学生对于情感词汇的理解。在讨论的过程中，教师可以让学生回忆以前学习过的情感词汇。讨论其实也是一种社交的形式，通过学生与学生之间、学生与教师之间的探讨，可以在无形之中培养学生认识他人情绪和与人友好相处的能力。第一步教学，学生可以通过记忆单词，描述自己的情绪经历，通过倾听同伴与教师的描述，学会识别情绪，初步感知不同情绪的前因后果，利用新单词或其近义词标记不同的情绪经历。第二步教学，要求高年级学生能利用新授情绪词汇描述一幅抽象的图画，对于低年级学生，则是要求他们以新授单词为主题自己画一幅画。通过这种方式，可以让学生发挥想象力，用可视化的方式表达自己的理解，利用非言语的方式表达情绪。因为情绪本身就具有抽象性，通过非言语的方式，可以增强学生对情绪的理解。第三步教学，通过情绪词汇与现实事件或故事的联系，将学术和现实世界相联系。通过听故事和他人的实际经验，学生能够体会和评价个体在不同时间和社会中表达情绪的方法。学生可以理解不同情绪的不同前因后果，通过讨论情绪在不同情境中不同的感染方式评估情绪，增加学生对情绪表达的理解。第四步教学，将课堂内的知识延伸至课外，学生通过和父母的相互沟通，让家人也参与学生的情绪学习，学生可以更加理解父母的思想、感受和举动。这一步的教学目的是让学生能够利用新学的情绪单词和他人交流。首先，家长与孩子的沟通，能够增加学生活用知识的机会，提高学生对于新授知识的理解；其次，与家长沟通也是提高学生感知他人情绪的能力，和他人健康交往的一种方式；最后，良好的沟通有利于健康积极的家庭氛围的建设，也有利于学生社会情绪能力的提高。第五步教学，通过学生之间的相互交流以及分享自己家人的故事，可以扩大每个人的知识面，让学生学会更多的处理情绪的策略。通过转述他人的故事，学生也能学会利用合适的方式表达感受。学生之间的相互讨论，不仅可以激起思维的火花，相互学习，更能创造良好的班级情绪氛围。第六步教学，通过应用新学习的单词，学生能够在描述他人行为、感受、思想时识别情绪，体会个体情绪的变化，在写作中运用多种情绪词汇标记情感，达到"RULER"课程的教学目标。

三、案例：我的情绪小怪兽

适用年龄：幼儿园中大班

活动过程：

（1）教师提问幼儿

① 你们认识多少种情绪呢？

② 你们想用什么颜色来代表不同的情绪？

③ 请孩子说说有什么事情会让你们开心 / 伤心 / 害怕……

（2）玩情绪游戏：节奏步行 + 停 / 动作 + 情绪变变变

① 教师出示颜色指令牌，学生坐在座位上做出对应的情绪表情；教师在游戏过程中可以用代表"安静"的白色指令牌来做调节。

② 教师出示颜色指令牌，学生从座位上站起做出相应的表情、动

作、声音。

注意：指令牌上最好画上表情，针对低龄孩子，教师可以选择三个最明显的情绪。

③ 指令升级，学生看到不同颜色的指令牌做出相应的表情并在班内走动。

④ 指令再次升级，学生随意做出一种情绪表情并走路，教师每举起一种颜色，对应情绪的学生就要坐下。黄色，代表开心愉悦的情绪；蓝色，代表忧郁伤心的情绪；红色，代表生气愤怒的情绪；黑色，代表害怕胆小的情绪；绿色，代表平淡安静的情绪；白色，代表安静地回到座位。

（3）教师讲故事

有个小女孩的心里住着一个会变脸的小怪兽，开心就有开心的表现，伤心就有伤心的表现，可是她不知道它长什么样子，你们可以画出来给她看吗？请孩子们运用不同的颜色画出不同的情绪，加深对情绪的认知。

在本案例中，对于年纪偏小的幼儿园的孩子来说，情绪本身就具有抽象性，通过可视化的颜色和非语言的绘画方式，孩子们可以发挥自己的想象力来表达自己的理解。孩子们在游戏、相互交流和师幼互动中，可以慢慢感受和理解不同的人对相同情绪的感受是不同的。

第四节 "第二步"课程

"第二步"课程是暴力预防课程，由拜兰德（Beland）等人于1992年发起，最初在华盛顿州的西雅图实施。该课程适用于4~14岁儿童，主要针对学生的冲动、攻击行为进行预防，也会涉及学生社会情绪能力的提高和其他保护性因素。该课程让学生在观察中学习社会情绪技能，学会控制自己的冲动、管理自己的愤怒，并通过训练提升学生的共情能力。课程内容主要包括三个部分：共情训练、冲动控制与问题解决、愤怒管理。该课程每周一次，每次30~40分钟，包含10~20分钟的故事阅读和课堂讨论，15~20分钟的体验分享和角色扮演活动。以共情训练课程为例，其具体内容如下：

一、案例：识别、理解他人情绪

年级：初一年级

过程：

（1）情境讨论

教师呈现一个故事情境，然后引导学生展开讨论，讨论之后让学生进行体验分享。

故事情境：小军为了参加区运动会长跑项目，自己苦练了一个月，他对自己信心满满，希望在运动场上一展风采，为校争光。就在运动会的前一天，他跟同学打篮球时不小心扭伤了脚，教练不得不取消了他的参赛资格，小军非常沮丧……

（2）根据这个故事情境向学生提问

你认为小军此刻的感受是什么？他会有哪些表情或行为？他的情绪发生了哪些变化以及为什么会发生这样的变化？假如你是小军的好朋友，你会怎么跟他说？

教师可以根据自己的经历，编写一些故事情境，引导学生讨论思考，让学生学会识别、理解他人的情绪，并对他人的情绪行为给予关怀。

二、案例：让学生通过角色扮演体验冲突

年级：初二年级

过程：

（1）分组

教师先将学生分组，并分配好角色，然后让学生按照设定的情境开展扮演活动，即自己扮演的角色在给定的情境下会做出什么反应。

情境一：星期天你在家复习，你的朋友邀请你去她家看电影，虽然你很想去，但是担心父母不同意，因为你第二天要参加数学考试了。

情境二：你是小华，今天有个转学过来的新生成为你的同桌。下课后你跟他打招呼，但是他没有理你。

情境三：你是小强，中午在学校吃午饭时，你们班的"小霸王"周周让你让开座位，说你坐了他的座位。你让开了，但是发现没有空座位了，你最后靠着墙站着吃完了午餐。你很想哭，但是你知道周围有很多同学在看着你。

情境四：你是梦梦，老师让你们完成一个社会调查的方案。你和倩倩同组，你想到了一个好的点子，但是你发现倩倩已经开始在写了。你非常想把你的点子也加进去，但是倩倩听不进去，说你的想法很糟糕。

（2）角色扮演

每个情境由两名学生来表演。其他学生在表演结束后进行讨论，讨论学生在角色扮演中表现的是什么事情，以及自己观看表演后的感受是什么。为了回答这些问题，学生必须将自己置身于角色之中并去体验表演者的感觉。

在本案例中，学生通过情境观察与角色扮演，共情案例中的角色，理解并接纳他人的感受。

第五章　中小学幼儿园课程指南

第一节　3~6 岁幼儿社会情绪学习课程

本课程的框架结构根据三大内容来确定。第一，该课程以社会情绪学习的具体内容，即五大核心能力为基础；第二，该课程遵循《3~6 岁儿童学习与发展指南》以及《幼儿园教育指导纲要（试行）》对儿童的社会适应和情绪健康发展的引领和导向；第三，该课程以人际交往能力的具体能力结构为核心，构建情绪能力与社会能力全面发展的社会情绪学习课程。

一、以人际交往为核心发展情绪能力和社会能力

社会情绪学习的五大核心能力为自我认知、自我管理、社会认知、人际交往、负责任的决策。五大能力并不是独立发展的，而是相互联系、相辅相成的。五大核心能力根据其具体概念可分为具体的能力，又可以总结归纳为情绪能力和社会能力。在自我认知、自我管理与社会认知中包含很多情绪能力的要素，如情绪识别、理解他人的情绪、调节自己的情绪等。而人际交往能力和负责任的决策主要体现了社会能力的内容。因此，社会情绪能力可简单总结为情绪能力和社会能力，它的发展一是为了达到个人心理健康成熟的目

标，二是为了人际交往目标。[①] 情绪能力和社会能力的发展最终都会落在人际交往互动上，因此本课程以人际交往为核心来发展幼儿的情绪能力和社会能力。

首先，情绪能力的发展是人际交往的基础。幼儿的情绪能力是在与他人的互动和关系的建立之中日益增长的。反过来，这些情绪能力又为儿童日后在学校中的人际互动和与他人建立关系奠定基础。大部分涉及维持社交互动和人际关系的行为都与情绪体验、表达和理解、情绪调节相关。卡罗琳·萨尔尼（Carolyn Saarni）说："情绪的意义是人与人之间关系的基础……人与人之间的交流要关注情绪经历、观察和推断、谈论、解释。"[②] 因此，学龄前儿童每一个情绪能力的构成要素都很重要，它们对2~5岁儿童的人际交往等各项社会性发展任务有重要贡献。同时，一些研究还证明了情绪能力对人际交往的影响，如分享积极的情绪有利于形成友谊[③]，消极的情绪表达可能在社会交往中造成问题[④]，情绪理解更好的幼儿有更积极的同伴关系。他能够更加准确地解释他人的情绪，可以提供关于社交情境的重要信息，容易被激活移情，表现出积极的应对方式。能够在情绪激动时运用情绪知识的儿童在与同伴交往时有优势，当朋友对他生气时，他能理解朋友的情绪，可以更成功地与朋友互动。那些可以谈论自己情绪的幼儿也能够更好

① Rubin K H, Booth C, Rosekrasnor L, et al. Social relationships and social skills: A conceptual and empirical analysis. *Close Relationships and Socioemotiona Development*. New Jersey: Ablex Publishing, 1995: 63–94.

② Saarni C. *The development of emotional competence*. New York: The Guilford Press, 1999: 79–298.

③ Sroufe L A, Rutter M. The domain of developmental psychopathology. *Child Development*, 1984, 55(1): 17.

④ 李娜：《幼儿情绪表达规则认识与运用的发展》，首都师范大学硕士论文，2011年。

地与朋友讨论纠纷问题。

其次，幼儿时期社会能力发展的中心任务是与同伴的积极互动与交往。对社会能力的简要定义就是有效的社会交往，但社会能力又不仅仅是简单的人际交往，它还包括遵守社会规则、亲社会行为、解决问题等内容，这些都是人际交往能力的辅助能力。

因此人际交往作为一种最后结果，情绪能力是基础，其他社会能力是辅助，综合发展的主要目的一是为了身心健康，二是为了社会适应。不论是作为发展结果的反映，还是内在的发展要素，人际交往都显得尤为重要。

二、纲领性文件对社会情绪教育的支持及相关内容的梳理整合

《幼儿园教育指导纲要（试行）》将幼儿园的教育内容分为健康、语言、社会、科学、艺术五个领域，《3～6岁儿童学习与发展指南》也是按此五大领域来架构其内容的。根据五个领域的目标、内容与要求可知，社会与情绪学习主要分布在健康领域和社会领域。如表5-1所示，健康领域强调幼儿心理情绪的健康"情绪安定、愉快"，社会领域凸显了人际交往、适应规则等社会能力的发展。但五大领域的内容本身就是密不可分、相互联系的，其他如语言、科学、艺术领域内也有社会情绪能力的相关内容。语言领域中语言运用于情绪理解、表达以及人际交往的沟通，艺术领域中音乐和美术本身就是一种情感情绪的表达，这些都有益于情绪能力的积极发展。社会与情绪学习的最终目的是通过发展情绪能力和社会能力促进幼儿的社会性发展和心理健康，因此若要将社会与情绪学习划分到五大领域中，它主要属于社会领域，但在实践操作的过程中，社会与情绪学习课程应该结合五大领域的内容去开展。

表5-1

领域	子领域	目标	指导要点	社会情绪能力
健康	身心状况	情绪安定愉快	1. 创设温馨的人际环境，让幼儿充分感受到亲情和关爱，形成积极稳定的情绪情感 2. 帮助幼儿学会恰当表达和调控情绪	自我意识：情绪体验 自我管理：情绪表达和调节
语言	口头语言：倾听与表达	认真听并能听懂常用语言	鼓励和支持幼儿与成人、同伴交流	人际交往中的理解与沟通能力，包括清晰表达、认真倾听等能力
社会	人际交往	1. 愿意与人交往 2. 遵守基本的行为规范 3. 具有初步的归属感	1. 帮助幼儿正确认识自己，学习初步的人际交往规则与技能 2. 引导幼儿换位思考，学习理解别人 3. 鼓励幼儿自主决定，独立做事，增强其自尊心和自信心 4. 引导幼儿用平等、接纳和尊重的态度对待差异	人际交往态度、交往技能，自我意识，社会意识
	社会适应	1. 喜欢并适应群体生活 2. 遵守基本的行为规范 3. 具有初步的归属感	1. 学习基本行为规范或游戏规则，体会规则的重要性 2. 给幼儿一些力所能及的任务，培养幼儿的责任感	
科学	科学探究	1. 亲近自然，喜欢探究 2. 具有初步的探究能力	1. 对周围的事物和现象感兴趣 2. 探索中有所发现时感到兴奋和满足 3. 探究中能与他人合作交流	自我意识、人际关系处理能力
艺术	感受、表现	大胆地表现自己的情感和体验	鼓励幼儿用不同的艺术形式大胆地表达自己的情感、体验	自我意识、自我管理

因此，综合上面的分析，本课程围绕从中提炼出的三项重要的能力搭建课程框架。一是情绪理解和情绪调节的能力，包括理解自己的

情绪和他人的情绪，理解情绪对他人的影响；能够适度调整自己的情绪，管理并控制消极情绪。二是人际交往能力，包括倾听、沟通、发展友谊等行为的能力。三是人际关系问题解决能力，让儿童学会自主解决人际交往中遇到的问题。本课程以此三大能力作为主要培养目标，搭建课程内容结构框架。

三、课程目标

本课程的总目标是通过在幼儿园实施该课程以提高幼儿的社会情绪能力，促进幼儿人际交往和社会适应能力的提升。情绪能力是人际交往的基础，人际交往技巧和问题解决能力是人际交往的必要条件，因此本课程主要的目标为培养幼儿情绪理解和情绪调节能力、人际交往能力和人际关系问题解决能力。

表5-2

课程总目标	主要发展目标	具体发展目标
促进幼儿社会情绪能力、人际交往能力的提升	情绪理解和情绪调节能力	1. 认识多种情绪词汇 2. 理解情绪的成因和结果 3. 运用认知和行为策略来调节情绪
	人际交往能力	1. 有效地沟通交流：倾听、尊重和接纳他人的观点，通过语言沟通解决人际关系冲突 2. 建立友谊，主动并正确地发起交往 3. 遵守基本的社交规则（礼貌、轮流、等候、请求） 4. 更多的亲社会行为：分享、关怀、安慰、合作、帮助、共情等
	人际关系问题解决能力	1. 解决不明原因的冲突 2. 解决与朋友之间的矛盾，维持友谊 3. 解决交新朋友时的冲突

（一）发展幼儿情绪能力，包括情绪理解、表达与调节

1. 情绪词汇

3~4岁幼儿通常能够正确辨别开心、悲伤、愤怒和恐惧的表情，

但由于文化差异，中国人更强调关注他人的感受，而非谈论自己的情绪，因此幼儿掌握的情绪词汇较少。已有研究显示，语言、行为、情感的整合发展有益于社会情绪发展，情绪词汇的增加可以更好地促进儿童情绪能力的发展。

2. 理解情绪的成因和结果

培养幼儿根据情境分析情绪原因，理解情绪和行为的关系，以及对他人的影响。拥有分析情绪诱因并调整自身和他人的情绪状态的能力是幼儿参加集体活动和社会交往的基础。

3. 运用认知和行为策略来调节情绪

幼儿应学会对情绪的唤起和表露进行有意识的控制调节；学会在受挫的时候转移注意力，如生气愤怒时冷静下来；学会在恐惧时有意识地调节；学习平息怒气的方法，一是转移注意力，二是反思生气的事件。丹尼尔·戈尔曼在《情感智商》中提到，心理学家齐尔曼通过实验研究得出结论：平息怒气有两种方法，一是对引起怒气的事件进行反思，二是通过分散注意力冷静下来。戴安娜·泰斯的研究也证明平息怒气十分有效的方法就是走出去，单独待一会儿，或者做做深呼吸等肌肉放松训练，此外，看电视、看书等都可以有效地转移注意力来平息怒气。

（二）发展幼儿的人际交往技能

1. 学会有效的沟通和交流的方法

通过课堂练习，让幼儿能够倾听、尊重和接纳他人的观点，能站在他人角度思考，了解和体会他人的感受与想法，并通过语言沟通解决人际关系冲突。

2. 建立友谊，主动并正确地发起交往

有研究表示，被忽视的儿童最主要的社会交往特点就是不主动去接近同伴、交朋友，对该类幼儿进行如榜样示范、行为模仿、及时强化等行为训练，可以增加他们的社会交往能力，提高交往水平。被拒绝的儿童不缺乏主动交往的行为，但是缺乏对社会交往的正确认知。[①] 如果儿童具有与新认识的人交往的社交知识，他们被同伴接纳的可能性就越大。[②]

3. 遵守基本的社交规则（礼貌、轮流、等候、请求）

幼儿要学习成为团体的一分子，先要促进其社会意识的发展，使其了解社会所认同的规则。认识规则是为了更好地与他人相处。规则包括很多方面：一是学习时的规则——认真听讲，积极思考，主动回答问题，遵从指令；二是与同伴相处的规则——有礼貌、友善、乐于助人；三是游戏的规则——轮流、合作等。

4. 亲社会行为

亲社会行为包括分享、关怀、安慰、合作、帮助等。很多研究证明，亲社会行为具有一定的稳定性，幼儿学前时期养成的一些如慷慨、助人、友好等亲社会行为，在其长大之后并不会消失。教师在课堂上可通过移情和观点采择的练习来增加儿童的亲社会行为动机。练习的重点包括：分享——让孩子了解在集体生活中，需求和欲望可能无法如愿，在教室里，孩子必须和他人分享资源（玩具、积木、材料等）；安慰——当同伴悲伤时，学习用一些小技巧去安慰同伴，如给他拥抱，拍拍他的背，与他分享食物和玩具，带他一起玩游戏等。

（三）发展幼儿解决人际关系问题的能力

幼儿在人际交往中经常会遇到一些问题，比如发起交往困难、维持交往困难和解决冲突困难等。在遇到人际关系问题时，中班幼儿常常选择告

---

① 　王争艳、王京生、陈会昌：《促进被拒绝和被忽视幼儿的同伴交往的三种训练法》，《心理发展与教育》2000年第1期。

② 　Putallaz M, Gottman J M. An Interactional Model of Children's Entry into Peer Groups. *Child Development*, 1981, 52(3): 986–994.

状、寻求教师的帮助等解决方式，缺少自己独立解决问题的意识。但事实上对4~5岁的幼儿来说，想出解决人际关系问题的不同办法和策略，能利用因果关系来考虑人际关系问题的技能，是很重要的，因此要让孩子学习自己解决问题。孩子要学习自己解决冲突，需要教师的引导，冲突发生时，即是教育契机。一旦发生冲突，首先应该让孩子了解冲突为什么会发生，然后让孩子正确调节自己因冲突而产生的情绪，再引导其思考好的解决办法。

四、课程内容

本课程包括四个单元，分别是：情绪认知、积极沟通、建立和维持友谊、解决人际关系问题，共16个课时。每个单元既分别完成课程的主要目标又相互联系，如情绪能力即融合在每个单元中，具体内容见表5-3。

（一）第一单元——情绪认知

本单元旨在发展幼儿的情绪理解能力和情绪调节能力，具体包括情绪词汇的学习，认识初级情绪、次级情绪等多种情绪词汇（基本情绪包括喜、怒、哀、惧）；理解情绪的成因及结果，根据图片情境和故事情境学习分析情绪产生的原因；知道每个人都有多种情绪，并且有时候可以同时拥有不同的情绪，比如"兴奋"和"开心"；学会在游戏中仔细观察他人的情绪表情和行为反应，敏感地觉察他人的情绪，训练移情能力；理解情绪与行为的关系——如汉·金诺所言："尽管所有的感觉和情绪都是可以被允许的，但并不是所有的行为都是可以被允许的。"鼓励孩子表达情绪，但让孩子理解有些行为是不适当的，要有限制地表达情绪，比如以非破坏性的方式发泄愤怒。学习调节令人不舒服的情绪——如愤怒时，通过自我控制平复情绪；伤心、害怕时，通过想开心的事来转移注意力，减少消极情绪的强度和维持时间。情绪学习将贯穿整个课程，除了第一单元，剩余单元中的每一课时都会有"情感菜单"时刻，每一节课介绍一种情绪及其调节方法，进一步强化幼儿对情绪的认知。

（二）第二单元——积极沟通

第二单元主要学习有效地沟通交流。首先，学习倾听。幼儿需要了解为什么要倾听，以及怎样认真倾听——眼睛注视对方，注意力集中，认真思考听到的内容。其次，学习接纳和尊重他人的看法。幼儿需要知道，每个人都有自己的想法、自己的感觉，即使不同意别人的看法，也要努力尊重别人的观点。角色扮演可以培养孩子理解他人观点的能力，进行角色扮演时，孩子有机会了解别人的想法、思考不同角色的扮演方式、体验不同角色及行为的后果。同时，教师要鼓励孩子大胆地表达自己的想法，能够谈论自己的想法和感受。再次，通过语言沟通解决人际关系冲突。出现问题时，孩子要敢于表达自己的感受和想法，并倾听他人的观点，共同商量解决问题的办法。

（三）第三单元——建立和维持友谊

本单元主要学习如何建立友谊以及积极主动发起交往。主动发起交往，包括和一个同伴交往或加入一个群体——不是简单用"我可以和你们玩吗？"这样的请求方式，而是鼓励孩子观察他想要加入的群体，了解他们交流的主题，或尝试给予想要加入的群体一些帮助或赞美。让孩子学习用亲社会的行为方式建立和维持友谊，包括分享、帮助、关心与安慰等。分享——让孩子了解分享的意义。分享既能使别人快乐，也是交朋友的好方法；强调当孩子不愿意分享某物的时候，可以选择提供另一种东西来分享。帮助——主动帮助他人是建立友谊的一种重要方法。教师在课堂中可以组织学生讨论如何敏感地发现别人的需求，以及帮助他人，让孩子体会到帮助别人的快乐。关心与安慰——当同伴悲伤、害怕、生气时，孩子要学习用一些小技巧去安慰同伴，如倾听别人的苦恼、给他拥抱、拍拍他的背、跟他分享食物和玩具、带他一起玩游戏、哄他开心等。

（四）第四单元——解决人际关系问题

本单元主要学习如何采取积极的行为方式解决人际交往中的问题，以幼儿在交往过程中常发生的三类问题作为讨论主题。第一类问题是集体生活中的冲突，如插队问题、争抢物品问题、拥挤推搡等肢体冲突问题等。孩子可以学习在发生问题时控制和调节自己的情绪，并运用解决问题的四步骤思考解决问题的方法。第二类问题是与朋友相处时发生争吵和冲突的问题。课程强调友谊的重要性，让孩子通过相互道歉化解冲突，用和平的方式和好。第三类问题是维持友谊和结交新朋友的问题，如朋友忽视了你的时候应该怎么处理。

表5-3　以人际交往为核心的社会情绪学习课程内容

课程单元	单元目标	教学活动	具体活动目标
第一单元：情绪认知	1.情绪识别与理解：认识基本情绪，知道不同情绪的名称，能够根据表情和身体反应说出对应的情绪，能够根据情境分析情绪产生的原因及后果 2.有效调节和适度表达情绪：掌握调节不舒服的情绪的方法	第1课 认识基本情绪	1.认识四种基本情绪（喜、怒、哀、惧），知道每个人都有多种情绪 2.识别不同情绪相关的表情、身体反应和情境，根据表情命名情绪
		第2课 理解他人的情绪	1.根据情境故事，敏锐地觉察他人的情绪，能够说出情绪的成因 2.尝试体会他人的感受，学习关爱与安慰他人
		第3课 冷静和平息怒气	1.认识和理解愤怒情绪，知道愤怒情绪是正常的，理解愤怒情绪对别人的影响 2.学习平息怒气的方法
		第4课 调节与改变情绪	1.能意识到自己的情绪，并说出自己的情绪感受 2.学习调节令人不舒服的情绪（愤怒与悲伤），练习情绪调节的方法

续表

课程单元	单元目标	教学活动	具体活动目标
第二单元：积极沟通	1. 认真倾听，知道倾听的意义和方法 2. 学习接纳和尊重他人，知道每个人都有自己的想法，努力尊重别人的观点 3. 学习通过沟通来解决人际关系问题，能够大胆说出自己的感受，并理解他人的感受	第5课 学习倾听	1. 知道认真倾听的意义 2. 学习认真倾听的方法
		第6课 接纳和尊重他人	1. 了解焦虑的情绪，掌握情绪调节的方法 2. 认识人与人之间的不同，理解别人与自己的观点不同是正常的 3. 知道尊重别人的观点，理解别人的感受
		第7课 沟通与解决问题	1. 复习与开心的情绪相关的知识点和各种情绪的调节方法 2. 学会用沟通的方式解决问题：说出自己的感受，倾听别人的想法，并协商解决问题
第三单元：建立和维持友谊	1. 学习建立友谊，主动发起交往，提高交友的主动性和积极性 2. 学习更多的亲社会行为：分享、帮助、关心与安慰，能与朋友友好相处 3. 学习基本的社交规则（礼貌、轮流、等候、请求）	第8课 交朋友	1. 理解孤独/寂寞的情绪，有想要找朋友的愿望 2. 当主动交往被拒绝时能够调节自己的情绪，反思被拒绝的原因 3. 知道如何正确地发起交往
		第9课 分享	1. 了解害羞的情绪，学习克服自己的害羞，大胆主动地交朋友 2. 理解分享的意义和方法
		第10课 帮助	1. 能够发现别人的需求，愿意主动帮助别人 2. 理解帮助的意义：让别人开心，也让自己快乐
		第11课 关心与安慰	1. 知道他人在情绪不好时需要安慰，如悲伤时、着急时、失落时、孤单时、生气时、害怕时 2. 了解安慰他人的方法
		第12课 交往的规则	1. 遵守基本的社交规则（礼貌、轮流、等候、请求） 2. 理解礼貌的重要性

续表

课程单元	单元目标	教学活动	具体活动目标
第四单元：解决人际关系问题	1.学习采取积极的方式解决人际关系问题 2.学习解决不明原因的冲突：能够控制和调节自己的情绪，学会运用解决问题的四步骤 3.解决人际交往时发生的问题，与好朋友发生争吵时，用和平的方式和好 4.学会维持友谊和结交新朋友	第13课 化解冲突	1.了解困惑的情绪 2.在遇到冲突时能够控制和调节自己的情绪 3.学习解决问题的四个步骤： （1）发生什么事 （2）我的感受和他人的感受 （3）思考解决问题的办法 （4）选择一个最好的办法
		第14课 面对朋友的朋友	1.了解惊讶的情绪 2.尝试接纳新朋友：面对朋友的朋友，要学会接纳
		第15课 生气与和好	1.了解愧疚的情绪 2.学会维持友谊：在和朋友生气的时候，能够调节情绪，并与朋友和好
复习与巩固			

五、课程实施

本课程以适用于幼儿园中班孩子的课程为例进行说明，课程为期两个月，共16次集体教学活动，同时融入儿童一日生活进行行为指导和练习。

（一）集体教学活动中的学习

集体教学活动每周两次（如图5-1所示），每次30分钟，以多种教学方式进行，借助绘本、游戏、动画视频、儿歌等载体，采用故事导入、图片讲解、谈话、角色扮演、游戏练习等方式进行。导入部分以情绪儿歌等内容激发幼儿的兴趣，教师出示图片，引导幼儿展开讨论，在讨论中融入教师讲解。活动部分主要通过绘本阅读与讨论进行。结束部分采用角色扮演练习所学技能，并通过游戏活动进行强化巩固。以一节课活动教案为例，内容包括：

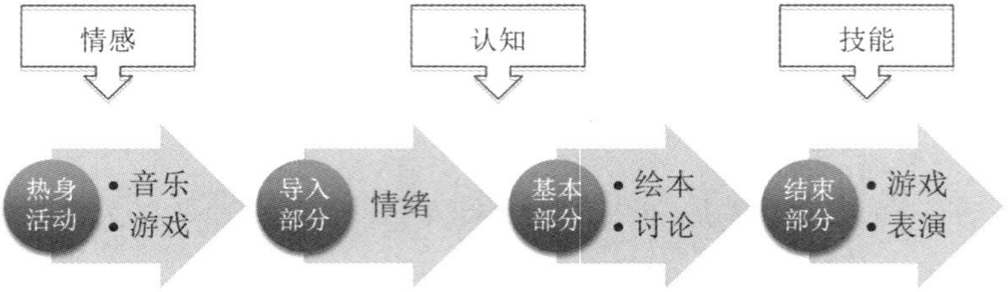

图5-1 集体教学活动实施过程

1. 热身活动——音乐与游戏

把音乐与游戏作为课前热身活动，既能吸引幼儿的注意力，也能让幼儿对接下来的教学活动产生兴趣。在儿歌的选择上，教师选用和课程内容相关的儿歌，让幼儿学习跟唱。如在第一单元学习“情绪”时，选取儿歌《表情与心情》：“笑嘻嘻的我很开心，噘嘴巴的我很生气，泪汪汪的我很难过，大声叫的我很害怕，我有一颗心，代表着心情，我有一张脸，拥有着表情，表情与心情亲密不分离。”歌词内容与学习的四种基本情绪相契合，让幼儿理解表情反映心情，通过识别表情可以了解别人的情绪。又如在人际关系问题解决单元，学习的儿歌是《朋友朋友在一起》：“朋友朋友在一起，开开心心做游戏，吵吵闹闹会生气，赶忙说声对不起，朋友朋友没关系，拉拉钩，碰碰头，我们还要在一起，我们还要在一起。”歌词强调与朋友发生矛盾之后要和平解决冲突，结合幼儿学习的解决人际关系冲突的内容，也能强化幼儿解决问题的意识。音乐与游戏是相结合的，在第三单元幼儿学习发起交往的内容时，采用“找朋友”的音乐与游戏作为热身活动，让幼儿体验找朋友的乐趣。

2. 导入部分——情绪知识与调节

课程涉及的情绪知识有许多，第一单元学习了四种基本情绪以及情绪调节方法。其余的情绪内容放到后面三个单元去学习，包括焦虑、孤独、害羞、困惑、惊讶、愧疚等情绪。情绪知识的学习遵循“情绪词汇—情绪感受—情绪调节"的模式，范例如下：

案例1：导入部分——介绍情感餐厅的情绪菜单

师：什么是焦虑？

焦虑是困扰你的情绪，它会使你感到紧张。当你担心事情可能会变糟，或者觉得发生的事情不对劲时，你就会感到焦虑。举例：今天我要在国旗下讲话，我很怕自己做不好，我紧张得不行。

师：焦虑的你会怎么样？

有时候过分焦虑会让你无法放松，或者无法入睡。你越担心，就会越焦虑。

师：如何调节你的焦虑情绪？

你可以这样做：①闭上眼睛。②用鼻子慢慢地深吸一口气。③当你的肚子里装满空气时，准备呼气。④假装你要吹一个气球。⑤慢慢地将腹部的空气吹进气球，想象着你的焦虑情绪也被吹进气球，反复做5次。⑥想象气球带着你的焦虑情绪飘走了。

3. 基本部分——绘本阅读与讨论

儿童主要通过模仿和练习学会社会性知识，幼儿的形象思维特点要求活动内容直观、生动、有趣，因此本课程在主体部分采用绘本阅读与讨论的形式。绘本又称图画书，色彩鲜艳的图画和生动具体的情节深受幼儿喜欢。通过对带班教师和幼儿的访谈，我们了解到中班幼儿更喜欢以动物为主角的图画书，因此课程选取了16种绘本（《雨中的小红伞》《我们和好吧》《比尔最会安慰人》《我很善良》《我很担心》《讨厌的青蛙》《我才不放手呢》《青蛙头上的包》《和好朋友来分享》《菲菲生气了》《帮助好朋友》《礼貌和友善》《沟通和解决问题》《接纳和认同他人》《新的朋友》《儿童情感菜单》），并根据课程目标对部分绘本情节进行了改编。绘本教学采用观察—阅读—讨论的形式进行，即首先让幼儿观察图画内容，自己思考图片中情境的含义；教师采取引导式提问；然后幼儿听教师读故事内容，教师针对与课程目标相关的内容情节组织讨论。范例如下：

案例2：助人故事——《雨中的小红伞》

（1）介绍

今天老师要给你们讲一个关于"帮助"的故事，故事的名字是"雨中的小红伞"，这是关于一只乐于助人的小刺猬的故事。

（2）讨论——什么是"乐于助人"？（当别人有困难的时候，主动帮助别人，并且帮助别人让自己也感到非常快乐）

观察与阅读：这天早上，小刺猬一醒来就看见外面滴答滴答地下起了雨。它开心地欢呼起来："哇，好棒，下雨了！"

观察：下雨了，小刺猬为什么这么开心呢？

观察与阅读：小刺猬一直盼望着下雨，因为，它终于可以穿上漂亮的新雨衣、雨鞋，撑起可爱的小红伞了。

小刺猬迫不及待地换上新雨衣，撑着小红伞，来到雨中。"滴答……"小雨滴快乐地跳动着，小刺猬高兴极了，它跳进小水坑，溅起一片片水花。

一个低低的声音说："我能在你的伞下躲雨吗？""咦？是谁在说话？"小刺猬四下张望，看到了被雨淋得浑身湿透的小鼹鼠。

（3）讨论——小刺猬看到小鼹鼠浑身都被雨淋湿了，如果你是小刺猬，你会怎么做？

阅读："天啊，你都淋湿了，小伞给你用！"小刺猬爽快地把自己的伞给了小鼹鼠。

"你怎么在这儿淋雨呢？"

小鼹鼠愁眉苦脸地说："我家里进水了，我得重新找个地方挖一个家。"

（4）讨论：小鼹鼠的情绪是什么？——难过、"愁眉苦脸"。

小鼹鼠需要什么帮助？——找一个新家。

阅读：小刺猬说："我来帮你吧！"它非常乐于帮助他人。"谢谢你！"小鼹鼠脸上露出了微笑。

观察：小刺猬愿意帮忙吗？——它非常乐意，并主动说："我来帮你吧！"

观察：受到帮助的小鼹鼠怎么样？——脸上露出了微笑，从"愁眉苦脸"变成了"微笑"。

帮助别人的意义：能够让别人快乐，自己也快乐。

（5）小结：一个乐于助人的小朋友是非常棒的，会受到所有人的喜欢和表扬。小刺猬真棒！我希望你们也可以在别人需要帮助的时候，主动去帮助别人。

4. 结束部分——表演游戏的练习和巩固

经过基本的认知学习后，课程结束部分加强了技能的练习，让儿童通过表演和一些小游戏强化对知识的理解，并促使其内化吸收。表演包含了多种象征性和认知性活动，在表演互动中幼儿能够认识并练习人际互动交往中的恰当行为，并且也有机会理解他人的想法，体验不同角色的情绪及其行为后果。

在情绪单元，幼儿通过情绪表情的表演练习识别他人情绪，通过练习巩固对"所有情绪都是可以的，但不是所有行为都是可以的"的认识。

案例3：你来演我来猜——情绪表情

准备四张卡片，分别画着开心、伤心、害怕、生气四种表情。邀请四位儿童，每人抽取一张卡片，表演他们抽到的表情，其余的儿童猜一猜他们表演的是什么情绪，并正确说出情绪词汇。（在学习过其他的情绪后，教师可以丰富游戏的内容，把表情换为情绪情境，由两个人表演情境故事，其他儿童猜测情绪和成因。）

建立和维持友谊单元运用表演游戏强化幼儿对学习到的亲社会行为和问题解决方式的掌握，主要结合绘本故事开展活动，因此在课程结束部分，采用绘本故事进行角色扮演，让幼儿带上动物头饰，表演绘本故事的情节。例如，请两名幼儿表演《我们和好吧》绘本中的"小猪"与"小兔"两个好朋友吵架、生气、再和好的过程。在人际关系问题解决单元开展"如果……怎么办？"的情境故事表演，每个情境故事很简短，因此每个幼儿都有表演练习的机会。

案例4：如果……怎么办？

教师提问，幼儿把自己解决问题的方式用行动表演出来。

（1）如果你正在搭建积木，另一个小朋友走过来不小心踢到了你的积木，你会怎么办？

（2）如果你在排队喝水时，有一个小朋友插队，你会怎么办？

（3）如果你想加入娃娃家的游戏，其他小朋友却说不行，因为他们人已经够了，你会怎么办？

（4）如果只剩一个皮球，你和另一个小朋友都想玩，你会怎么办？

（5）如果你有一个非常漂亮的玩具，另一个小朋友过来抢走了你的玩具，你会怎么办？

（二）一日生活中的练习与强化

社会情绪和人际交往是每日生活中发生的事，因此学校进行的社会与情绪学习也必须融入日常生活中，让幼儿能够随时随地使用并练习自己所学的技能。在课堂中学习一些技能后，还可以在平时生活中多加练习。如在玩运动器械时，可以提醒幼儿耐心等候，轮流玩耍；在游戏时间，鼓励幼儿使用交朋友的方法，邀请别人或者加入他人的游戏。

幼儿园的一日生活中有很多零碎的自由活动时间，包括入园运动之前、点心和午餐后、集体活动课结束后等。在自由活动时间，幼儿拿出自己的玩具自由玩耍，或者在各个区角自主选择游戏活动。自由活动时间是幼儿与同伴交往的最佳时机。因此我们通过观察幼儿在交往中存在的问题，如发起交往困难、冲突、争抢物品等，在每次集体活动结束后有针对性地进行情绪辅导和行为指导。详见以下案例：

案例1：教师的观察

在下午点心时间之后，提前吃完的幼儿在自由活动和游戏。A幼儿来到装扮区，取了一个"小熊"头饰戴在头上，并开心地走到大家面前去展示自己的头饰。B幼儿看见了，也想要戴"小熊"头饰，于是B直接走上前去摘A头上的头饰。A不愿意给，并往旁边跑，B又追上去抢，追逐了一圈之后，A不小心摔倒在地，并表现出很生气的样子，但B没有意识到A的情绪，仍然去抢头饰。这时A开始向老师寻求帮助。

案例2：教师的谈话指导

师问A：发生了什么事？

A幼儿：他抢我的小熊。

师问B：你为什么抢小熊？

B幼儿：我也想玩。

师问 B：当你直接去抢头饰的时候，你觉得 A 是什么感受？

B 幼儿不回答。教师继续引导。

师问 B：你直接去抢，这样的方式让 A 不开心，他就不愿意给你，所以他才会跑，当他摔倒的时候，你觉得 A 是什么感受？

B 幼儿：他会不开心。

师问 A：你摔倒时是什么感受？

A 幼儿：我生气了。

师问 B：你想玩这个头饰，但是你这样追着抢的行为是对还是不对呢？

B 幼儿摇摇头。

六、社会情绪学习课程的框架设计反思

社会情绪学习课程是有理论基础、有详细课程目标和内容的一套课程。在进行课程设计时，要考虑完整的课程框架。课程理论既是课程设计的依据，又是课程实施的导向。社会情绪学习课程主要基于社会性发展的理论，包括弗洛伊德的精神动力理论、埃里克森的社会心理理论、皮亚杰的建构主义理论、维果斯基的社会文化理论、华生的行为主义理论、班杜拉的认知社会学习理论、布朗芬布伦纳的生态系统理论等。每一种理论都以独特的视角解释社会性的发展，因此设计社会情绪学习课程可以有针对性地选择一些理论，作为课程内容设计和实施的指导方针。

社会情绪课程的设计以目标为导向，课程设计的目标和内容最重要，选择适宜的发展目标很关键，目标既要适合幼儿的年龄特征，又要符合社会情绪教育的要求。在确定好主要发展目标后即可根据幼儿的年龄特点规划课程。课程大体上遵循由浅入深、由简至繁的原则。以上主要是以幼儿的人际交往为核心设计的社会情绪学习课程，该课

程围绕人际交往能力的四大方面开展，内容包含了全面的社会情绪能力，主要发展目标为：情绪理解和情绪调节能力、人际交往能力、人际关系问题解决能力。国外不同的社会情绪学习课程有不同的核心目标，如促进可替代性思维策略课程的主要目标是让儿童学会自我控制，拥有情绪意识，行事积极自信，能够正确处理人际关系，掌握人际关系问题解决能力；第二步课程主要发展儿童的移情、情绪管理、交友以及问题解决能力。尽管每个社会情绪课程都有不同的侧重点，但是其内容基本都涵盖了社会情绪学习的五大能力，即自我认知、自我管理、社会认知、人际交往、负责任的决策等能力。

　　幼儿园要开发有自己特色的社会情绪课程应该根据本园幼儿的需要确定发展的核心目标，再围绕核心目标全面地开展社会情绪学习五大内容。以此方向设计课程既能突出自己的特色，又能保证情绪课程的科学合理及全面性。同时，幼儿园要合理规划从小班到大班不同阶段课程的不同发展目标。合理的阶段目标在符合幼儿理解能力的基础上还要具有一定的挑战性。小班主要学习情绪的基础知识以及基本的社会交往规则，中班可学习更复杂的情绪词汇以及不同的社会交往技能，大班着重于训练人际交往中的问题解决。也可以参照《3~6岁儿童发展指南》中对幼儿心理健康和社会适应部分的内容划分来确立幼儿在不同阶段的发展目标。

第二节　6~15岁青少年儿童社会情绪学习课程

　　本节针对义务教育阶段学生（一至九年级，即6~15岁学生）进行讨论，主要围绕认识情绪（了解情绪的发生、识别及表述情绪、认识情绪引发的行为）、自我管理（行为管理、平复心情、应对愤怒、释放压力、学会调节情绪的方法）、同理心（理解他人的感受、学会倾听）、积极思维（了解自己、展现优势、提升自信、思维清晰、清楚压力源及压力与成就的关系）、解决人际关系问题（解决人际关系冲突、提升人际关系沟通能力、结交朋友、团队合作）、激发内驱力（设定目标、改变行为）六个单元的内容来进行编写，包括理论指导与案例分析。

一、指导文件

目前在广东省中小学应用最广泛的是教育部发布的《中小学心理健康教育指导纲要》（2012年修订）及广东省教育厅发布的《广东省教育厅关于中小学心理健康教育工作规范指引》《广东省教育厅关于中小学专职心理教师专业要求与工作职责指引》《广东省教育厅关于中小学心理健康教育活动课内容指南（2016年5月执行）》等文件。

教育部发布的《中小学心理健康教育指导纲要》（2012年修订）提到："中小学生正处在身心发展的重要时期，随着生理、心理的发育和发展，社会阅历的扩展及思维方式的变化，特别是面对社会竞争的压力，他们在学习、生活、自我意识、情绪调适、人际交往和升学就业等方面，会遇到各种各样的心理困扰或问题。因此，在中小学开展心理健康教育，是学生身心健康成长的需要，是全面推进素质教育的必然要求。"该文件对不同年龄阶段中小学生在社会情绪学习方面提出以下具体目标：

小学低年级：培养学生礼貌友好的交往品质，让学生乐于与老师、同学交往，在谦让、友善的交往中感受友情。

小学中年级：培养学生自主参与各种活动的能力，以及开朗、合群、自立的健康人格；引导学生在学习生活中感受解决困难的快乐，学会体验情绪并表达自己的情绪。

小学高年级：帮助学生克服学习困难，使其正确面对厌学等负面情绪，学会恰当地、正确地体验情绪和表达情绪；积极促进学生的亲社会行为。

初中年级：鼓励学生进行积极的情绪体验与表达，并对自己的情绪进行有效管理，正确处理厌学心理，抑制冲动行为；使学生逐步适应生活和社会的各种变化，着重培养学生应对失败和挫折的能力。

广东省教育厅发布的《广东省教育厅关于中小学心理健康教育工作规范指引》（2016年5月执行）等三个文件明确在中小学心理健康教育内容里，自我认识、个性品质、交往心理、情绪心理、学习心理、社会适应是核心内容。《广东省教育厅关于中小学心理健康教育活动课内容指南》对不同年龄阶段中小学生在社会情绪学习（情绪调适）方面提出以下具体内容：

小学低年级：帮助学生了解自己的情绪，学会体验和初步表达情绪。

【参考主题】认识我的情绪；拥抱快乐；情绪红绿灯。

小学中年级：帮助学生感受个人想法对情绪和行为的影响；了解愤怒情绪及其应对方法。

【参考主题】心情变形记；我的脾气听我的。

小学高年级：帮助学生正确地面对负面情绪，学会恰当地表达情绪。

【参考主题】情绪"万花筒"；走出情绪低谷；放松自己、缓解考试焦虑；别让烦躁左右你的心情。

初一年级：鼓励学生进行积极的情绪体验与表达。

【参考主题】爱的力量；乐观"百宝箱"；希望的魅力。

初二年级：学会有效管理情绪，抑制冲动行为。

【参考主题】情绪健康"维他命"；"同理"有妙招；HOLD 住我的冲动。

初三年级：积极应对考试压力，快乐中考。

【参考主题】轻松上阵迎中考；考试"抢分"有妙招。

二、课程内容

表5-4　6~15岁青少年儿童社会情绪学习课程

单元	主题	活动内容	活动适合学段		
			小低	小高	初中
认识情绪	情绪识别	活动1：情绪分类盘		√	√
		活动2：情绪温度计	√	√	√
		活动3：情绪测验板		√	√
		活动4：看表情，读情绪	√	√	√
		活动5：你演我猜	√	√	
	情绪发生	活动1：回想今天	√	√	√
		活动2：情绪ABC		√	√
		活动3：情绪观测站	√	√	√
	情绪表述	活动1：情境再现	√	√	√
		活动2：情绪你我他	√	√	√
		活动3：情境剧场	√	√	√
		活动4：情绪过山车	√	√	
情绪自我管理	情绪觉察	活动1：我的情绪小怪兽	√		
		活动2：拾"豆子"		√	
		活动3：情绪"pizza"		√	
		活动4：抢凳子			√
	情绪调节	活动1：气球小熊	√		
		活动2：情绪自助餐		√	
		活动3：情绪传染圈			√
	冲动克制	活动1：情绪"信号灯"	√		
		活动2：走下情绪的"电梯"		√	
		活动3：按下"暂停键"			√
	愤怒管理	活动1：我变成一只喷火龙了	√		
		活动2：XX生气了		√	
		活动3：记"愤怒日志"			√
同理心	倾听	活动1：测耳朵	√		
		活动2：看图说意	√		
		活动3：听故事找办法	√		
		活动4：倾听练习	√		
	表达尊重	活动1：逃亡游戏		√	√
		活动2：心理剧场		√	√
		活动3：动物旅行		√	√
	换位思考	活动1：假如我是他		√	√
		活动2：换把椅子坐一坐		√	√

续表

单元	主题	活动内容	活动适合学段		
			小低	小高	初中
积极思维	思维清晰	活动1：戴墨镜	√	√	
		活动2：那是谁的错？		√	√
		活动3：大象和木桩的故事		√	√
	积极自信	活动1：积极的暗示		√	√
		活动2：闪闪发光的我	√	√	√
		活动3：优点大"轰炸"	√	√	√
	压力管理	活动1：应对同伴压力		√	√
		活动2：最近压力有点大	√	√	√
		活动3：压力byebye		√	√
解决人际关系问题	学会合作	活动1：问题解决——竞争与合作		√	√
		活动2：学会合作		√	√
		活动3：建高塔		√	√
	应对同伴压力	活动1：我的感受我知道	√	√	√
		活动2：应对同伴的压力		√	√
		活动3：学会拒绝	√	√	√
	解决人际关系冲突	活动1：绘本赏析《不是那样，是这样的！》	√		
		活动2：换位思考	√	√	
		活动3：人际碰碰车——解决人际关系冲突		√	√
	提升沟通能力	活动1：沟通体验——我说你做		√	√
		活动2：沟通体验——最佳配图		√	√
		活动3：学会赞美	√	√	√
		活动4：学会倾听	√	√	
激发内驱力	目标设定	活动1：作家的故事		√	√
		活动2：SMART目标			√
		活动3：时间规划师		√	√
	自我认知	活动1：绘画表达——画树	√	√	√
		活动2：乔哈里窗		√	√
		活动3：人生拍卖会			√
	改变行为	活动1：绘本赏析《失落的一角》		√	√
		活动2：我的未来不是梦		√	√
		活动3：行大于言			√

三、课程实施

（一）认识情绪

本单元包括三个主题，共十二个活动。

主题1　情绪识别

活动1　情绪分类盘

活动时间：10分钟

活动准备：多媒体课件、每人一张印有情绪分类盘的A4纸、笔

活动流程：

第一步，将学生分成若干小组。

师：早上，出门看见一只美丽的小鸟，于是我们感到惊喜；中午，吃到了不喜欢吃的饭菜，于是我们感到厌烦；晚上，早早就写完了作业，可以好好地看自己喜欢的漫画书，于是我们感到欢喜。我们的情绪会随着事情的变化而变化，你今天感受到哪种情绪的次数最多？把它圈出来。

第二步，展示情绪分类盘，学生在自己的纸上圈画。

第三步，每个人在小组内说自己圈画的结果并阐述理由。

第四步，各组推选一两位学生代表在全体同学面前汇报自己的选择结果和理由。

活动2　情绪温度计

活动时间：10分钟

活动准备：多媒体课件、每人一张印有情绪温度计的A4纸、彩笔

活动流程：

第一步，将学生分成若干小组。

师：早上，吃到了心心念念的美味早餐。来到学校，昨天的小测成绩出来了，考得还不错。临放学，老师宣布今天只有阅读作业，没有书面作业，我在公园玩得很尽兴。我们的情绪会随着事情的变化而变化，而且每一次的感受都有强有弱。你今天过得怎么样？感受到哪些情绪，每一次的强度是多少呢？在情绪温度计上涂色表示出来吧！

第二步，展示情绪温度计，学生在自己的纸上涂色。

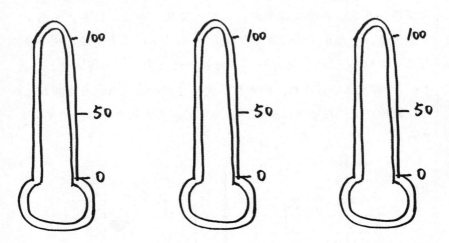

第三步，每个人在小组内说自己涂色的内容并阐述理由。

第四步，各组推选一两位学生代表在全体同学面前汇报自己的涂色内容和理由。

活动3　情绪测验板

活动时间：20分钟

活动准备：多媒体课件、每人一张印有情绪测验板的A4纸、笔

活动流程：

第一步，将学生分成若干小组。

师：管理好情绪，首先必须做好的一件事就是"读懂情绪"。可是，我现在感受到的是什么情绪？我也弄不清楚呀！为了解决这个问题，接下来我就要给大家介绍一个有趣的工具——情绪测验板。

第二步，展示情绪测验板。

左边的纵轴表示感觉到的自身的能量，也叫"活力"，数值越接近0，说明身体越没有活力；相反，数值越接近10，表示身体越有活力。下面的横轴表示你的心情，数值离0越近，表示心情越不好；相反，数值离10越近，表示心情越好，正处于愉快、幸福、兴奋的状态中。举个例子，今天我身体的活力指数是7，因为出门太着急没有吃早餐，所以我在纵轴上7的位置标一下，用水平线画出来。心情不错，指数为9，因为收到了远方朋友的来信，觉得特别愉快，所以我在横轴上9的位置标一下，用竖线画出来。最后把两条直线相交的部分用星号表示出来。

第三步，每个人在小组内说说自己涂写的内容并阐述理由。

第四步，各组推选一两位学生代表在全体同学面前汇报自己涂写的内容和理由。

第五步，展示星号落在不同区域所代表的含义。

• 如果你标出的星号处在右下方区域，说明你此时的心情很好，只是身体感觉没活力。整体来说，你的情绪现在处于满足、平和的状态。

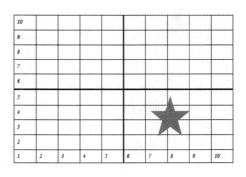

• 为了让身体充满活力，你需要多吃一些补充能量的食物，例如牛奶、坚果等。

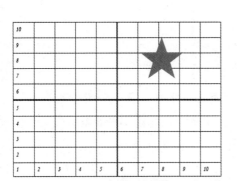

• 如果你标出的星号落在右上方区域，说明你正处在最佳的状态。此时的你心情舒畅，精力也充沛，尽情享受这开心、兴奋、幸福的时刻吧！

• 若是你标出的星号落在左上方区域，要小心呀！因为你此时可能在生闷气或者焦虑重重。

• 为了不让负面情绪失控，此时你可以玩一会儿最心爱的玩具，读读平时最喜欢的漫画，或者听一首轻快的曲子。

• 你标出的星号若是落在左下方区域，你是不是感觉浑身没

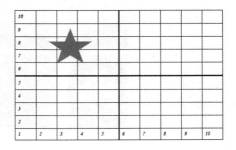

有力气，心情也非常糟糕呢？此外，你还感到忧郁、悲伤，甚至眼泪都要流出来了。

· 首先你要吃点东西来填饱肚子，因为身体没有力气的话，心情也会跟着低落。然后你可以读一读喜欢的小说，抱一抱心爱的玩具，或者约个好朋友外出散散步，还可以跟亲爱的爸爸妈妈聊聊天，这些都可以缓解悲伤的情绪呢！

活动4　看表情，读情绪

活动时间：15分钟

活动准备：多媒体课件、每人一面小镜子

活动流程：

第一步，将学生分成若干小组。

师：想知道此时你的情绪是什么吗？

快去看镜子，如果镜子中你的眉毛、眼睛、鼻子和嘴巴的形状恰好与下图中的某一个相吻合，这就证明你正在感受那种情绪，试试吧！

第二步，学生拿起镜子，对照表情图片进行感受。

和平

吃惊

担忧

兴奋

愤怒

难过

第三步，每个人在小组内说说自己今天的心情以及感受。

第四步，各组推选一两位学生代表在全体同学面前汇报自己的心情和感受。

活动5　你演我猜

活动时间：15分钟

活动准备：多媒体课件、每个小组一套卡片

活动流程：

第一步，将学生分成若干小组。

师：同学们，这里有一套卡片，上面写有喜、怒、哀、惧、爱、厌恶等情绪，请小组里的一名同学随机抽出卡片，用表情、动作等方式表达卡片上所写的情绪。注意：不能用语言交流，其他同学猜测这名同学想要表达的情绪是什么。

第二步，小组进行"你演我猜"。

第三步，请各组猜得最准、最多的学生在全体同学面前进行一轮"你演我猜"，使用一套新的卡片，卡片上写有心满意足、兴奋、自豪、懊恼、紧张、害羞等情绪。

第四步，学生分享在这轮游戏里面的感受和感悟。

主题2　情绪发生

活动1　回想今天

活动时间：10分钟

活动准备：多媒体课件、每人一张表格、笔

活动流程：

第一步，将学生分成若干小组。

师：今天哪种情绪给你的印象最深刻？它是怎么发生的？是上课

说话被老师批评，于是感到羞愧，还是今天小测验成绩出来了，达到目标，于是感到兴奋？把该情绪的全部信息记录下来吧。

第二步，展示课件，学生在印有以下表格的A4纸上填写。

我的情绪是什么？	
为什么？	
我做了什么？	
结果有哪些？	

第三步，每个人在小组内分享自己填写的内容。

第四步，各组推选一两位学生代表在全体同学面前汇报自己的内容，教师适当点评。

活动2 情绪ABC

活动时间：20分钟

活动准备：多媒体课件、每人一张表格、笔

活动流程：

第一步，将学生分成若干小组。

师：今天给大家分享一个故事。有两个秀才结伴赴京赶考，路上他们遇到了一支出殡的队伍。看到黑乎乎的棺材，两个秀才都心中一惊。一名秀才心凉了半截，心想：赶考的日子居然碰到棺材，不吉利的兆头。他心情一落千丈，硬着头皮走进考场，"黑乎乎的棺材"如影随形，挥之不去。结果他文思枯竭，名落孙山。

另一名秀才一开始心里也"咯噔"了一下，但转念一想：棺材，不就是有"官"又有"财"吗？好兆头，看来今年我红运当头，一定高中。他心里十分高兴，情绪高涨地走进考场，果然文思如泉涌，一举高中。

为什么同样一件事情对不同的人的影响会如此不同呢？

第二步，介绍 ABC 理论，A 是事件，B 是信念、想法，C 是结果。学生填写以下表格。

	秀才1	秀才2
事件	赶考路上碰到黑乎乎的棺材	
信念、想法	不吉利的兆头	有"官"又有"财" 有好兆头，红运当头
结果	情绪低落、名落孙山	情绪高涨，一举高中

第三步，学生分享结果及自己的感受。

第四步，回想一下今天发生过的事情，哪件事情给你的印象最深刻？它给你带来什么样的情绪？为什么产生了这种情绪？学生自行填写表格。

事件	
信念、想法	
结果	

第五步，每个人在小组内分享自己填写的内容及感受。

第六步，各组推选一两位学生代表在全体同学面前汇报自己填写的内容和感受。

活动3　情绪观测站

活动时间：20分钟

活动准备：多媒体课件、每人一张画有坐标图的A4纸、彩色笔

活动流程：

第一步，将学生分成若干小组。

师：每天我们都会有不同的心情，不同的时间段也会有不同的

情绪。也许这一刻我被老师表扬了感到高兴，下一秒就因为摔坏了最心爱的笔而感到伤心难过。你们知道自己的情绪是怎么变化的吗？

第二步，学生拿出 A4纸，A4纸上横向有7个格子，表示周一至周日，每个格子上面又分成3个小格子，表示早、中、晚，纵向往上箭头表示正面情绪，越往上表示越高兴，往下箭头表示负面情绪，越往下表示越伤心。

学生回忆自己一周的学习和生活，记录自己的心情，将记号连起来。

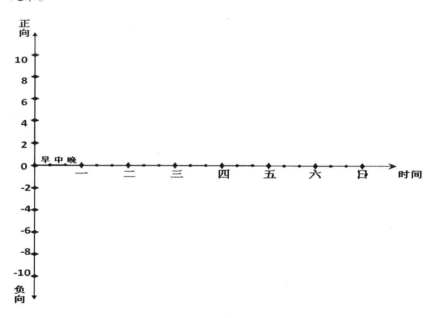

第三步，学生分享结果及自己的感受。

第四步，各组推选一两位学生代表在全体同学面前汇报自己填写的内容和感受。

主题3　情绪表述

活动1　情境再现

活动时间：20分钟

活动准备：多媒体课件、每人一张印有不同情境的A4纸、彩笔

活动流程：

第一步，将学生分成若干小组。

师：大多数情况下，我们在经历某件事时并不是只感受到一种情绪，而是会同时感受到多种情绪。如果多种情绪同时占据了你的内心，你首先要准确地分辨它们，然后再仔细感受每种情绪的强度，最后在情绪温度计上涂色标示。记住，你涂的颜色越往上，表明你感受到的那种情绪越强烈。

接下来，你将开始踏上奇妙的情绪体验之旅——把下面的情境设想成你正经历的事，你想说什么话，请拿起笔记录下来吧，然后认真体会感受到的不同情绪各达到了什么程度，最后试着在情绪温度计上涂色。

第二步，学生在自己的纸上涂写。

情境一：期中考试结束了，你的数学成绩不太理想，老师看着你的试卷，表情沉重地说："看清楚题意再解题！这么简单的题都出错？"这时，你的情绪怎么样呢？

情境二：今天一家人出外郊游，妈妈准备了水煎包、三明治、炸鸡块等好吃的东西，唯独少了你爱喝的饮料，你忍不住问妈妈："带瓶可乐可以吗？"妈妈却坚决反对，认为喝可乐对身体不好。这时，你的情绪怎么样呢？

情境三：科学实验课上，老师问："谁来回答这个问题？"这个问题恰好是你最近在读书时刚学到的知识，所以迅速举起了手。谁知，

一旁的同桌讥笑道："这题你也会？别费劲了！"这时，你的情绪怎么样呢？

第三步，每个人在小组内说自己填涂的内容并阐述理由。

第四步，各组推选一两位学生代表在全体同学面前汇报自己填涂的内容和理由。

活动2　情绪你我他

活动时间：20分钟

活动准备：多媒体课件、每人四张情绪卡片（分别标示着"喜""怒""哀""惧"）

活动流程：

第一步，将学生分成若干小组。

师：你会表达自己的情绪吗？今天我们就来练习一下如何表达情绪。

第二步，进行第一个游戏——我的感觉。

小组成员围成一个小圈，拿起最能代表自己今天情绪的卡片放在胸前，描述自己的感觉。

例如，我感到很开心，因为今天老师表扬我上课表现好。我感到很焦虑，因为我的课堂作业还没有完成。

第三步，学生分享第一个游戏带给自己的感受。

第四步，进行第二个游戏——他的感觉。

小组成员围成一个小圈，用一张卡片来描述你认为你右边的同学现在应有的感觉。当事人确认自己的感觉与描述是否一致。

例如，小贝说："我同桌很开心，因为他吃糖了。"同桌这时候也许会说："我并不开心，因为我的课堂作业还没有写完；我微笑是跟别人打招呼。"

第五步，学生分享第二个游戏带给自己的感受。

第六步，教师总结。

我们会发现，别人的情绪和表情有时候是不一致的，体验别人的情绪除了察言观色之外，还需要理解他所处的情境，看他遇到了什么事情、他是怎样的人。一个活泼开朗的人遇到不开心的事情也许很快就忘记了，但是一个多愁善感的人遇到不开心的事情可能会沉浸在伤心的情绪里很久都出不来。

这种准确体察别人情绪的能力，我们称之为共情能力，它是走向社会的必备技能。

活动3　情境剧场

活动时间：30分钟

活动准备：多媒体课件

活动流程：

第一步，将学生分成若干小组。

师：你坐公交车的时候有没有遇到过很拥挤的时候？如果有人不小心撞了你或者踩了你，你会有什么反应呢？现在就让我们回想一下我们曾经挤公交车的情境。

第二步，角色扮演。

女："哎，你挤什么挤？没长眼呀？"

男："年纪轻轻的，怎么不说人话啊？"

女："你挤到我了！你……"

男："怎么着？来劲是吧？……"

第三步，小组讨论，思考与分析。

（1）争吵的导火线是什么？

（2）他们有什么情绪？激发他们情绪的原因是什么？

（3）他们采用什么样的方式来表达自己的情绪或需求？通过这些方式是否能达到他们的目的或需求？

第四步，各组推选一名代表总结小组讨论结果。

第五步，介绍合理表达自己情绪的句式。

当你……（指出对方不好的行为）的时候，我感到……（自己的情绪感受），我希望你能……（提出建议）。

例如，当你撞到我又不道歉的时候，我感到很生气，我希望你能道歉，要我让一下的时候请说"借过一下"。

第六步，小组内学生根据提供的情境或者自己生活中出现的情境进行练习。

（1）妈妈不顾我的反对，坚持给我报了我不喜欢的英语班。

（2）小刚经过我书桌的时候碰倒了我的水杯，水弄湿了我的课本，小刚还对我笑。

（3）我在玩玩具，弟弟/妹妹走过来要抢我的玩具，我不给，爸爸妈妈反而批评我，说哥哥/姐姐就要让着弟弟/妹妹。

活动4　情绪过山车

活动时间：20分钟

活动准备：多媒体课件、每人四张情绪卡片（分别标示着"喜""怒""哀""惧"）

活动流程：

第一步，将学生分成若干小组。

师：你遇到过的最让你难过或者开心的事情是什么？

第二步，小组成员围成一个小圈，找到一张情绪卡片，描述"情绪之最"。

例如，我最开心的事情是过生日吃到小火车蛋糕。我最难过的事情是体育公园的小火车被搬走了。

第三步，每个人在小组内说自己的"情绪之最"。

第四步，各组推选一两位学生代表在全体同学面前汇报自己的"情绪之最"。

（二）情绪自我管理

本单元包括四个主题，共13个活动。

主题1　情绪觉察

活动1　我的情绪小怪兽

活动时间：30分钟

活动准备：绘本课件、音乐、5张颜色指令牌、5个情绪色彩瓶、每人一张画有情绪小怪兽的卡纸和一只彩笔

活动流程：

第一步，热身活动。

（1）看图片，图片上分别是快乐、生气、忧伤、害怕、平静的表情，让学生坐着模拟相关的情绪；

（2）展示不同的颜色指令牌，不同的颜色代表不同的情绪，教师出示不同的颜色指令牌，学生做出与该颜色所代表的情绪相关的表情、动作和声音并走动；

（3）指令升级，学生心里想着一种情绪走路；教师播放背景音乐《S.T.O.P》，当听到歌词里面的"Stop"时，老师就举起一张颜色指令牌，想着那种情绪的学生坐回原位。

第二步，教师扮演小女孩的角色。

师：心里有个情绪变脸的小怪兽，快乐时就会有快乐的表现，伤心时就是伤心的样子，生气时是很愤怒的表情，害怕时就有害怕的表

现，当然还有平静。可是我不知道它到底长什么样子，你们可以涂出来给我看看吗？

第三步，每个学生都分到一张情绪小怪兽卡纸和一只彩笔，将自己的情绪小怪兽涂出来，请不同的学生来表现情绪小怪兽出现的情境。

第四步，教师扮演长大后的小女孩，说自己也有很多情绪，不知道如何面对这样的小怪兽，随后带着学生一起看绘本《我的情绪小怪兽》。

第五步，教师在讲述绘本的过程中，引导学生觉察不同的情绪，并把相应的颜色指令牌剪碎装进对应的情绪色彩瓶。

第六步，呈现绘本的最后一页，让孩子观察最后留下的色彩，带领大家来感受。

活动2　拾"豆子"

活动时间：15分钟

活动准备：多媒体课件、歌曲《拾豆豆》、豆子形状的彩色小贴纸数张（每一个"豆子"上，都写着表示我们情绪的词语，比如开心、难过、伤心、生气等）

活动流程：

第一步，将豆子形状的彩色小贴纸贴在黑板及墙上。

第二步，在《拾豆豆》的背景音乐中，请同学们过来揭下符合自己这三天里情绪状态的"豆子"贴纸，然后回到自己的座位。

第三步，分享。

自己为什么要"拾"这几颗"豆子"？最近这几天发生了哪些事情让你有了这些情绪呢？

活动3　情绪"pizza"

活动时间：20分钟

活动准备：多媒体课件、每人一张 A4 纸、彩笔数只

活动流程：

第一步，请学生思考最近一周自己的情绪状态如何，出现过多少种情绪？并大致估算一下每种情绪持续的时间约占一周时间的百分比。

第二步，发给每人一张 A4 纸，上面画有圆圆的情绪"pizza"。将各种情绪按百分比进行切分，并给每块情绪"pizza"上色，积极情绪可以用暖色调，消极情绪可以用冷色调。

第三步，分享交流。

分享要点：

（1）你的情绪经常是快乐、忧伤、担心、愤怒、平静，还是其他？

（2）出现这种情绪的原因是什么？

（3）该情绪一般持续多长时间？

（4）这种情绪给你带来的影响有哪些？

（5）你常用来表达情绪的方式是：藏在心里、说出来、写出来、动作表达，还是其他？

（6）这种表达情绪的方式是否是你想要的？试着评价你的情绪表达方式。

第四步，完成自己一周的情绪觉察图表（将分享要点以表格形式呈现）。

活动4　抢凳子

活动时间：20分钟

活动准备：多媒体课件、音乐、凳子

活动流程：

第一步，在场地中间集中放15个凳子，男女生各派出8人，分别组成男队和女队，男女生交错站立在凳子外围围成一个圈。

　　第二步，快节奏音乐响起，参与者按顺时针方向绕着圈子走动，音乐停止，立即抢凳子坐下，没有抢到凳子的同学被淘汰，同时撤掉一个凳子。

　　第三步，重复进行下去，直到抢到最后一个凳子的队伍获胜。

　　第四步，现场采访不同角色的同学：当你被派为代表参加活动时你的情绪是怎样的？游戏过程中你的情绪如何？留下来后你的情绪如何？被淘汰时你的情绪如何？最终所在队伍获胜（失败）时，你是什么情绪？作为旁观者，在整个活动过程中你的情绪变化是怎样的？

　　第五步，引导学生觉察自己的情绪变化。

主题2　情绪调节

活动1　气球小熊

活动时间：20分钟

活动准备：多媒体课件、绘本、每人一个气球

活动流程：

　　第一步，分享绘本《气球小熊》的部分内容。

　　气球小熊没事的时候，就是只普通的小熊。可是一旦受到惊吓，它就像气球充了气，越胀越大，越胀越大，"啪——砰——！"变得软趴趴干瘪瘪了，但只要用力吸，它又变回了可爱的小熊……

　　第二步，模拟小熊气球。

　　每人吹起一个气球，在吹的过程中假想把你最近经历过的最强烈的一种或几种情绪统统吹进去。气球尽量吹得大一些，但是注意不要吹爆。请个别同学用简洁的语言描述一下自己装在气球里的情绪。

　　第三步，询问大家是否还要继续往气球里面吹气。

　　小熊每次情绪越胀越大时的"啪——砰——！"声带给你什么样的感觉？有什么方法能让气球不会有爆炸的风险？每想到一个方法，你

就可以放一点气出来，直到让小熊变回正常的样子。

第四步，分享你在活动中的感受或自己的所思所想。

活动2 情绪自助餐

活动时间：20分钟

活动准备：多媒体课件、绘本、轻音乐、写有"情绪自助餐"的铭牌、"自助餐桌"、每人一个小纸盘和一张能折成立体三角形的纸片

活动流程：

第一步，教师提问：如果有一家"情绪餐厅"，你觉得里面会有哪些"情绪食品"呢？

第二步，教师介绍绘本《害羞的面条和兴奋的鸡蛋》，带领大家走进"情绪餐厅"，认识各种"情绪大餐"。

第三步，思考：生活中你享用过哪些"情绪大餐"呢？让我们来准备一份"情绪自助餐"，把你知道的"情绪美食"写或者画在卡片上的几个空格内，然后把卡片沿折线折成立体的"食物"铭牌，放在自己的小纸盘内，最后放到"自助餐桌"上，邀请同学分享。

第四步，"自助就餐"时间。

在轻音乐中，同学们前往自助区选择自己喜爱的"美食"后，回到座位再次分享。

活动3 情绪传染圈

活动时间：20分钟

活动准备：多媒体课件

活动流程：

第一步，进行活动——情绪传染圈。

老师说一种情绪，一边形象地表演出来，一边向其中一位同学走

去，并取代其位置。被取代的同学需要以自己的方式将该种情绪表演出来，再以同样的方式传递给其他同学，如此这般把情绪传染出去。四五个人后再换另一种情绪传递。

第二步，升级活动。

老师拟定不同的情境，由同学传递，但被传染的同学可以将情绪变种，表达自己在该情境下会有的情绪，其他要求同第一步，留意学生在同一情境中表达出的不同情绪。

第三步，教师引导思考。

产生不同的情绪感受是否因为经历了不同的情境事件？不是！决定情绪的是我们的认知，当我们感受到某种情绪时，我们首先要觉察自己的认知是否合理，再寻找应对策略。

第四步，做改变认知的情绪小练习（参考情绪 ABC 练习和正念冥想）。

主题3　冲动克制

活动1　情绪"信号灯"

活动时间：30分钟

活动准备：多媒体课件、游戏音乐、信号灯道具

活动流程：

第一步，"信号灯"游戏。

由一人扮演交警，远远地背对着大家站立，当交警喊出"3、2、1、绿灯"时，交警不动，其他人需向着交警走去；当交警喊出"3、2、1、黄灯"时，其他人可以停住不动也可以慢动作；当交警喊出"3、2、1、红灯"时，交警需立即转头看其他人，此时其他人要暂停不许动。当然，交警可以控制语速。喊完后，如果没有人动，交警则继续背对大家，再次喊话。如果有人动，交警需要扣住动的人到工作区。当有人到达

交警身后时，他可以碰一下交警，然后所有人立刻逃跑。交警被人碰到时要大喊"停"，其他人必须停下来。之后，交警需要用三步到达某人前并碰一下他，那人便输，并做下一回合的交警。如果三步内未能碰到其他人，则继续做交警。

第二步，现实生活中，我们的情绪也会常常亮起"信号灯"。当情绪冲动时，如果不能冷静，可能伤人伤己，做出令自己后悔的举动。此时，我们不妨尝试启用情绪的"信号灯"。假设自己被球狠狠砸到，我很清楚自己的感受，我很生气！接下来，启用情绪"信号灯"。信号灯 STA 法则：①在我情绪失控之前，告诉自己先停一下（红灯——停下来 [Stop]：平复自己的情绪）；②深呼吸，沉静下来（黄灯——想一想 [Think]：原因、可能的后果、可行的办法）；③当情绪稳定后，将可行的方法付诸行动，解决问题（绿灯——做出行动 [Act]：用最好的方法来解决）。

第三步，情境练习，解决自己生活中的实际困扰。

活动2　走下情绪的"电梯"

活动时间：20分钟

活动准备：多媒体课件、故事

活动流程：

第一步，情绪"电梯"。

想象你的情绪就像一部能上下10层楼的电梯，每一层代表某一种情绪的不同程度。假如最底层表示你可以控制自己的情绪冲动，第10层表示你失去了对冲动的克制。

第二步，判断在如下情境下，你处在情绪"电梯"的第几层？

（1）被冤枉后对方不听自己的解释；

（2）被唠叨责骂；

（3）玩游戏被中途打断。

活动3　按下"暂停键"

活动时间：20分钟

活动准备：多媒体课件、大脑内部区域结构图、情境剧本

活动流程：

第一步，杏仁核与大脑皮层的故事。

在大脑内部，有两个重要的区域，其中杏仁核管理情绪，大脑皮层则对应理性，情绪常常先行，心理学家把被情绪主导的人称为——"杏仁核绑架"。陷入绑架之中，我们就会被人类的原始决策机制束缚。比如，每次遇到好吃的，杏仁核总是说："上去吃，上去吃。"大脑皮层则会说："你身材都这样了还要吃？"但最后往往是杏仁核赢了。杏仁核就没有办法被战胜了吗？其实并不是。杏仁核虽然威力巨大，但它也有一个弱点，那就是它发挥作用的时间通常很短。不论我们想要吃东西，还是想要发火时，只需要按一下"暂停键"，拖延一会儿，就能让杏仁核宝宝平静下来。

第二步，探讨拖延之策；通过"头脑风暴"讨论按下"暂停键"的方式。

按下"暂停键"的方式有多种，包括一个肢体动作（如用力甩手臂、深呼吸等）、一种声音（如大喝一声、数数字等）、一种行为（如沉默几秒、离开现场等）……暂停下来，阻断冲动的情绪，把真正重要的东西放在首位。

第三步，让大脑皮层运作。

思考：我现在有怎样的反应？是什么触发了我的冲动情绪？是否有其他积极的应对方式？

第四步，情境演绎：现实版的"杏仁核"与"大脑皮层"之战，创造性地运用"暂停键"技术。

情境案例：小芸听同伴说，某女生公然通过其 QQ 签名向自己挑衅，放学回到家她就急匆匆打开电脑，果然发现该女生用特别令人不爽的言语诬陷自己，"怎么可以这样？这让其他同学怎么看我？"小芸气愤无比，第一想法就是："狠狠怼回去，让她好看！"

主题4　愤怒管理

活动1　我变成一只喷火龙了

活动时间：40分钟

活动准备：多媒体课件、绘本《我变成一只喷火龙了》

活动流程：

第一步，出示一张愤怒怪的漫画。

在我们内心深处，住着一个怪物，它就是愤怒怪。它的破坏力特别大，有的人能把它管理得很好，它就乖乖待在自己的角落里，但时常我们也会遇到容易发火的人，这就是没有管理好自己的愤怒怪，这时候，愤怒怪就会肆无忌惮地出来捣蛋。比如，接下来要出场的阿古力。

第二步，绘本分享：《我变成一只喷火龙了》。

教师引导：阿古力为什么这么生气？你在什么情况下会生很大很大的气呢？如果有一天你像阿古力一样很生气，你会尝试哪些方法来"灭火"呢？

第三步，表演绘本，也可以在绘本基础上添加新的创作元素，帮助阿古力管理好自己的愤怒怪。

第四步，老师点评引导。

活动2　××生气了

活动时间：30分钟

活动准备：多媒体课件、绘本《菲菲生气了》、正念冥想音乐、A4

纸、彩笔

活动流程：

第一步，教师引导学生想象火山爆发的情境，引入愤怒情绪。

第二步，教师介绍绘本《菲菲生气了》。

第三步，绘本中，菲菲跑进了森林里，她是怎样让自己平静下来的？让我们跟随着她一起来进行想象体验。老师引导学生习得正念冥想的技术。

第四步，创作属于自己的情绪绘本，命名为《××生气了》，探索更好地管理愤怒的方法。

活动3　记"愤怒日志"

活动时间：20分钟

活动准备：多媒体课件、"愤怒日志"表格模板、A4纸、笔

活动流程：

第一步，请回忆最近发生的最令自己愤怒的事件，试着跟同桌倾诉你的愤怒，倾诉过程中另一方只能认真倾听，不得插话，时间到后，立刻交换倾诉方，不得拖延。

第二步，按固定格式填写"愤怒日志"。

内容包括：简要事由、当时的内心想法、所引发的情绪感受、愤怒时的行为反应、做出愤怒反应后自己和对方的感受、行为的后果、自己的处理方式是否恰当、如果事件重演自己会怎么做。

第三步，进一步思考愤怒行为是否有规律。

你是否会在某些特定的时刻比较容易生气？你是不是在某些特定的情况下或和某些特定的人打交道的时候比较容易愤怒？你有没有一些可以帮助自己更好处理愤怒情绪的方法？你有没有在管理愤怒情绪方面积攒一些经验？

第四步，拟定一份自己的"愤怒合同"。

（三）同理心

本单元包括三个主题，共九个活动。

主题1　倾听

活动1　测耳朵

活动时间：10分钟

活动准备：眼罩、碰铃、手铃、沙槌、手鼓

活动流程：

第一步，邀请两个同学站到讲台边，蒙上眼睛。

第二步，教师给台下的同学发放碰铃、手铃、沙槌、手鼓等乐器。

第三步，台下拿到乐器的同学依次让乐器发出声音，请台上的同学猜猜是哪种乐器的声音。

第四步，再请两个同学到讲台边蒙上眼睛，教师指定某个学生拍手，请台上的同学猜声音从哪里来。

第五步，教师总结倾听的重要性。

活动2　看图说意

活动时间：10分钟

活动准备：多媒体课件

活动流程：

第一步，教师展示课件中的三幅图。

第一幅图：甲同学跟乙同学说着什么，乙同学却看着窗外。

第二幅图：两个同学面对面坐着，甲同学在讲话，乙同学专心地听着，眼睛看着对方。

第三幅图：甲同学在同乙同学交谈，乙同学不停地打断甲同学说话。

第二步，请同学们看图，说说自己喜欢谁，为什么喜欢。

第三步，依次请三组同学轮流扮演说话者和倾听者，表演完之后分别采访说话者的感觉。

第四步，教师总结，学会倾听能让我们与别人交往更顺利，能使我们成为一个受欢迎的人。

活动3　听故事找办法

活动时间：15分钟

活动准备：绘本故事视频

活动流程：

第一步，播放绘本故事《小猴吃瓜果》。

小猴跑到西瓜地里，它头一次见到西瓜，感到很有趣，摘下一个西瓜就要吃。

旁边一只小牛见它把滚圆的西瓜往嘴边送，就对它说："你大概不会吃西瓜吧？我来教你——"小猴说："不用你教！不用你教！"说着它一口咬下一大块西瓜皮，嚼嚼吐掉了，生气地把咬破的西瓜往地上一扔，撇着嘴说："不好吃！不好吃！"

小牛告诉它："谁让你吃皮呢？吃西瓜应该吃里头的瓤！"

小猴一蹦一蹦地跑掉了，边跑边说："吃瓜要吃瓤，这谁不知道？"

小猴跑到香瓜棚啦！伸手摘下一个香瓜，一拳把香瓜砸成两半，掏出里头的瓜瓤就往嘴里塞。

旁边的小驴告诉它："吃香瓜应该吃皮肉，瓜瓤里尽是滑溜溜的籽，不好吃。"

小猴一口把滑溜溜的香瓜籽吐出来，生气地把香瓜扔掉，一蹦一蹦地跑了，边跑边嘟囔："这回我记住啦！应该吃皮肉！应该吃皮肉！"

小猴蹦到了一棵核桃树旁，树上正结着绿油油的核桃果。他跳到树上，伸手就摘果子。一只喜鹊飞来告诉它："这核桃可不能乱吃啊……"小猴说:"不用你多嘴啦! 我知道得吃皮肉!"说着"吭哧"就咬了一口核桃果的绿皮。这回小猴嘴里又麻又涩,它难过得一筋斗翻下树来,赶忙跑到小河边漱口。小喜鹊飞过去告诉它:"吃核桃应当吃里面的核儿!"

小猴漱完口,又一蹦一蹦地跑了。这回它跑到一棵梨树边,蹦到梨树上,摘下一个大鸭梨,在树干上七磕八碰,把果肉全部碰烂碰掉,只剩下一个梨核儿,这才放到嘴里吃。哎呀! 它不由得又把嚼烂的渣子吐了,酸得直龇牙。喜鹊飞来问它:"这回好吃了吧?"它气得摘下一个鸭梨朝喜鹊扔去,翻身下树,一蹦一蹦地朝远处跑去,边跑边嘟囔:"西瓜没味儿! 香瓜净是籽儿! 核桃麻嘴儿! 鸭梨酸牙儿! 我以后再不吃这些瓜果儿!"

第二步,全班交流,小猴是怎样听别人说话的? 你有什么好办法帮帮小猴,让小猴学会听别人说话?

第三步,小组讨论倾听的方法。

耳:认真听

眼:看着对方

心:用心记住对方的话

口:不打断对方的话

第四步,分小组汇报讨论的结果。

活动4　倾听练习

活动时间:10分钟

活动流程:

第一步,同桌合作,互相说说自己喜欢的季节以及原因,并记住对方所说的话。例如"我最喜欢的季节是春天,因为我喜欢在温暖的时候出去玩"。

第二步，检查听的效果，教师请几个同学当众说出同桌的喜好。

第三步，学生上台说笑话、讲故事，其余学生认真倾听。

第四步，教师总结，鼓励同学们认真倾听，做一个受欢迎的人。

主题2　表达尊重

活动1　逃亡游戏

活动时间：15分钟

活动准备：多媒体课件

活动流程：

第一步，介绍游戏规则。假设同学们都处于危险地带，通过玩游戏选出幸运儿，幸运儿可以尽早脱离险境。

第二步，全班分成六组，每组围成一圈，选出一人当头领，头领喊口令"1、2、3"，每人伸出左手。头领从自己开始，用自己的右手来指着其他队员的左手按顺时针边数边说："我，你，他；我，你，他；我，你，他……"数到第三个"他"时对应的同学就是幸运儿，可以先逃离险境。依次轮流下来，最后一个人将被"大风"刮走。

第三步，活动结束以后小组成员分享在活动中的感受，要求在分享的过程中做到认真听，尊重每个人的感受，不批判。

（1）作为头领，当你看到同伴们一个个被选为幸运儿逃离险境，你的感受如何？当看到最后一个同伴被"大风"刮走时，你的感受如何？

（2）你被选中作为幸运儿前后的感受如何？

（3）最后一个被留下来的人感受如何？

小组分享完毕，每个小组请一个人将本组成员的感受提炼一下，在全班分享。

第四步，教师总结。同学们在游戏中感受到了不同的角色，每个人的感受可能不一样，但是大家都能做到互相尊重，希望在现实生活中也一样。

活动2　心理剧场

活动时间：10分钟

活动准备：提前准备小品内容

活动流程：

第一步，欣赏小品《输球之后》。

在一次乒乓球比赛中，阳阳代表班级参赛。虽然阳阳竭尽全力，但最终还是输了球。几个同学为此指责和嘲笑阳阳："都是因为你，如果不输球，我们就能取胜，现在却输了。"一个同学还嘲笑他："球打得真臭！"

第二步，小组讨论交流。

（1）假如你是阳阳，此刻你心里会是什么感受？

（2）假如你是阳阳的同学，可以对他说些什么、做些什么？

第三步，推荐学生上台模拟表演安慰阳阳。

第四步，联系实际发表感想。在校园生活中，你们有过不开心、很苦恼、很委屈，或很孤独的时候吗？那时你希望同学们怎样对待你？（鼓励同学们谈谈自己的体会和感受，并在全班分享。）

第五步，教师总结。当我们感到苦恼、孤独、伤心时，都希望得到同学和朋友的理解和鼓励，而不是忽视和指责。

活动3　动物旅行

活动时间：15分钟

活动准备：铃铛

活动流程：

第一步，假如你带着猴子、老虎、兔子、狗、大象5种动物一起到野外去，可是随着旅程的行进，你发现同时带着它们变得越来越困难，你不得不逐一丢掉它们，最后只能留下一种动物陪你，你会如何选择呢？

要求：

（1）每个人独立思考、选择并填好表格。

（2）小组讨论，发表自己的意见，最后看小组能否商量出一个共同的意见，并请小组里的一名代表发言。

（3）铃声响起时讨论停止。

丢弃1	理由	丢弃2	理由	丢弃3	理由	丢弃4	理由	保留	理由

第二步，各组相互交流意见（小组代表发言）。

第三步，教师总结。每个小组的意见都不一样，到底丢谁、留谁，其实并不重要。游戏的目的是让同学们在思考、讨论的过程中体会到，对一件事而言：

（1）每个人都有自己的看法并且都有自己的理由。

（2）小组在短时间内很难统一意见，要统一意见的话每个同学就必须从他人的角度去考虑问题，尊重他人的意见。

（3）游戏中人们思考问题的角度有两个：一是从自己的角度出发，如丢掉老虎，因为它威胁到"我"；二是从他人的角度出发，如丢掉老虎，因为离开"我"，它也能生存下来。

主题3　换位思考

活动1　假如我是他

活动时间：10分钟

活动准备：音乐《朋友》、彩色纸、笔

活动流程：

第一步，日常生活中，每个人都有不开心、苦闷的时候，你可以把自己的苦恼写在纸上，在小组内倾诉。

第二步，请小组的成员互相站在对方的角度想一想，假如我是他，我最需要什么？然后用不同的方式，将关心和理解传递给小组需要帮助的人。

第三步，提问、采访。教师：同学们，刚才看到很多同学脸上都带着真诚的微笑，苦恼的同学也舒展开了眉头。你们做了什么？是什么感动了你们？

采访被安慰的学生：

（1）刚才同学们的哪种做法打动了你？

（2）你现在的心情怎样？你感触最深的是什么？

采访安慰别人的学生：

（1）你刚才是怎样表达自己对同学的安慰的？

（2）当你看到你的举动让同学开心的时候，你心里有怎样的感受？

第四步，教师总结。如果在和别人相处时，能够将心比心，提醒自己"假如我是他"，多站在他人的角度为他人着想，选择恰当的方式传递关怀和理解，大家一定会结交更多的朋友，相处得更好！

活动2　换把椅子坐一坐

活动时间：20分钟

活动准备：提前分组、多媒体课件

活动流程：

第一步，展示心理双歧图，请同学们说一说看到了什么。同一幅图，从不同的角度看，结果不一样，现实生活中有些事也是这样的。

第二步，展示生活中的两个场景，请同学们从不同的角度来解决问题。

场景一：小明上课思维非常活跃，经常在老师讲课的时候插嘴，让老师很苦恼。

提问：从小明的角度出发，小明觉得自己知道答案了，很想说出来。

换个角度，如果你是老师，你会怎样想？

场景二：爸爸和明明因手机使用问题而争吵。

提问：假如你是明明，爸爸不让你玩手机，你会怎么想？

假如你是爸爸，你不让明明经常玩手机，你是怎么想的？

第三步，刚才我们帮助他人解决了问题，现在我们也来想一想最近与家人、老师、同学之间的一次矛盾、冲突。

当时"我"是这样想的：＿＿＿＿＿＿＿＿＿＿＿＿＿＿＿＿

"换位思考"后"我"想：＿＿＿＿＿＿＿＿＿＿＿＿＿＿＿

学生填写，小组内相互交流，互给意见和建议。

第四步，教师总结。同一件事情从不同的角度看，结果也不一样。如果我们能换把椅子坐一坐，换个角度想一想，许多矛盾就会比较容易解决。

（四）积极思维

本单元包括三个主题，共九个活动。

主题1　思维清晰

活动1　戴墨镜

活动时间：30分钟

活动准备：墨镜若干

活动流程：

第一步，学生分小组，四人一组最佳。每组分发一副墨镜。学生轮流戴上墨镜，观察身边的人和物品。教师提问，学生回答以下问题：

（1）戴上墨镜看到的世界是什么样的？

（2）戴上墨镜看到的世界和不戴墨镜看到的世界有什么不同？

（3）你更喜欢戴墨镜还是不戴墨镜呢？

（4）如果让你一直戴着墨镜不能摘下，你愿意吗？

第二步，教师引导学生思考。

戴着墨镜会让世界看起来是灰色的，并不明亮。现实中我们不会一直戴着墨镜看世界，但在我们的脑海里可能存在着这样的一副"墨镜"，它就是消极的想法，比如"太糟糕了""太倒霉了""我太笨了""我一定做不到"。大家试想一下，如果我们戴着思维上的"墨镜"，看到的世界是什么样的呢？

（1）夏天的正午，太阳十分大。

"戴墨镜"后的想法："太糟糕了！太阳这么大、这么晒！真是要热死人了！"

（2）你正准备出门，外面却突然下起了雨。

"戴墨镜"后的想法："我也太倒霉了吧，要出门就下雨，是不是故意要弄湿我的衣服啊！"

（3）学校要举办朗诵比赛，语文老师想推荐你参加。

"戴墨镜"后的想法："我不去，我肯定朗诵不好，会在全校师生面前丢脸的，我一定做不到。"

第三步，小组讨论：我们怎样才能摘掉思维的"墨镜"呢？

第四步，学生分享，教师总结。有时我们的脑海中会存在思维的"墨镜"，也就是消极的想法，它会影响我们积极的心态和行动。因此，我们一定要学会识别思维里的"墨镜"，并把它"摘掉"，做阳光、自信、积极的学生。

活动2　那是谁的错？

活动时间：30分钟

活动准备：故事剧本

活动流程：

第一步，邀请两名学生代表进行角色扮演。

故事角色：轩轩、小柔、猫咪

轩轩和小柔是同桌，他们有着截然相反的口头禅。轩轩平时经常对别人说："都是你的错！"小柔跟轩轩不一样，常会把错误揽在自己身上，说："都是我的错！"

一天，大家都去上体育课了，最后离开班级的同学没关好班级的门。一只猫偷偷溜了进来，跳到了轩轩的桌子上，正好把没拧盖子的水瓶碰倒了，并把同桌小柔放在桌面的作业本弄湿了。小猫做了坏事，正要逃跑，就被下课回到教室的轩轩和同学们抓个正着。

轩轩看到倒下的水瓶，十分生气："坏猫咪，都是你的错！"这时，小柔也回到座位，看到湿透了的作业本，十分自责："都是我的错，如果我不把作业本放在桌子上，本子就不会被弄湿了。"

看到这一幕的其他同学却说，这并不都是猫咪的错，也不都是小柔的错。听到同学们的话，轩轩和小柔问："那是谁的错呢？"

第二步，结合同学们表演的故事，小组讨论：

（1）你认同轩轩的看法吗？请说明理由。

（2）你认同小柔的看法吗？请说明理由。

（3）如果你不认同其他同学的看法，那你认为小柔的作业本被弄湿了，是谁的责任呢？请说说你的理由。

第三步，教师总结。

（1）轩轩总是把错误的原因归结于别人，而不从自身找原因，这是推卸责任的做法，不利于自身的进步。

（2）小柔总是把错误的原因归结于自己，这是不自信的表现，也不利于客观地认识这件事。

（3）我们要学会客观地分析问题，找到可能的原因。一个问题的原因往往是多方面的，可能来自内在或外在。

（4）我们只有客观地找到问题的原因，才能避免发生同样的问题。

活动3　大象和木桩的故事

活动时间：20分钟

活动准备：大象和木桩的故事

活动流程：

第一步，教师出示问题，学生思考，随后小组讨论：大象是现存最大的陆生哺乳动物，体重达3~6吨，力气很大，能够举起几百千克重的木头。马戏团是如何将大象拴在一根木桩上的呢？

第二步，教师分享大象和木桩的故事。

当大象还很小、力气也不大的时候，它便被一根粗锁链拴在一根牢牢固定的铁柱子上。每天，小象都会拼命地试图挣脱锁链，但是，它的每次尝试均以失败告终。最后，小象得出结论，无论自己如何努力，锁链都牢不可破，铁柱也毫不动摇。于是，小象放弃了努力，从此不再尝试。日复一日，这一习惯逐步巩固，直到小象长成大象，它仍然习惯性地坚信自己永远不可能挪动那根拴住它的桩子，无论桩子是否真正结实和牢固。

第三步，教师引导学生思考。

（1）听完大象的故事，你认为大象被木桩拴住，是因为木桩还是因为大象的消极想法（认为自己无法挣脱木桩）？

（2）大象的故事给你带来什么启发和感受？

第四步，教师总结：

（1）消极的想法会使我们失去动力和勇气，不再努力尝试，导致失败的行为。

（2）消极的想法会影响我们的自信心，不利于我们健康成长。

（3）积极的想法能帮助我们树立信心，让我们不断进步。

主题2　积极自信

活动1　积极的暗示

活动时间：20分钟

活动准备：故事《生活中的暗示》

活动流程：

第一步，教师分享故事《生活中的暗示》。

俊杰骑单车回家，要经过一条窄路，路的两旁是水沟。俊杰担心会掉到沟里。此时，他的想法可能为：

（1）我一定要骑车通过这条路！

（2）我千万不能掉进沟里！

第二步，小组讨论：哪种想法更可能导致俊杰掉进沟里？为什么？

第三步，学生思考有没有自己想去做但又觉得会做不好的事情，将其写在纸上。

第四步，请学生把纸上的"我无法"改成"我一定要"，读一读改过的这句话，谈谈自己的感受。

第五步，教师总结：

（1）积极的自我暗示能帮助我们消除自卑、树立自信；

（2）平时我们要经常练习积极的自我暗示，多对自己说鼓励的话。

活动2　闪闪发光的我

活动时间：20分钟

活动准备：每人一支笔、一张"闪闪发光的我"工作纸

活动流程：

第一步，教师引导学生思考：我身上有什么优点？（至少三个）

第二步，老师将印好的"闪闪发光的我"工作纸发给每个学生，每个学生根据刚才想到的自己的优点，选其中三个最突出的优点填写在工作纸上。

闪闪发光的我
1. 我很棒！因为我 _____
2. 我很棒！因为我 _____
3. 我很棒！因为我 _____

第三步，小组内分享"闪闪发光的我"，并邀请2～3名学生代表全班进行分享。

第四步，教师提出问题，引导学生讨论：

（1）你为自己感到自豪吗？说说原因。

（2）你还希望自己有什么优点呢？

（3）我们可以怎么做来提升自己？

第五步，教师总结：

（1）每个同学都有属于自己的优点，我们要善于发现自己的闪光点，为自己感到自豪。

（2）同时，我们也要善于向同学学习，争取能有更多的优点，成为更加闪闪发光的"我"。

活动3　优点大"轰炸"

活动时间：20分钟

活动准备：红色帽子若干

活动流程：

第一步，分组，六人一组最佳。

第二步，教师介绍活动规则：

（1）小组成员轮流戴上红帽子，每轮戴红帽子的同学为被"轰炸"对象，其他同学围着该名学生，依次真诚地描述他的优点（优点可以从品德、学习、待人接物及劳动等方面找）。

（2）小组成员发言要有秩序，不发言的成员要认真听别人的发言。

（3）在别人讲述你的优点时，你只需要认真听，不必表示感谢，也不能因为别人描述不够准确而做出其他举动。

第三步，"轰炸"开始，小组成员轮流戴红帽子站在组员中间，直至所有成员都被"轰炸"过。

第四步，教师提问，引导学生思考讨论：

（1）刚才被"轰炸"时，你有什么感受？

（2）组员描述的你的优点，有没有一些优点是你自己也没有想到的？

（3）当你用优点"轰炸"别人时，你有什么感受？

第五步，教师总结：

（1）每个人都有许多的优点，我们应该正确地了解自己，积极地发掘自己的优点，增强对自己的信心。

（2）同时，我们也要多发现别人的优点，并且真诚地表达对他人的欣赏，同学之间互帮互助，共同成长。

主题3 压力管理

活动1 应对同伴压力

活动时间：20分钟

活动准备：情境卡片若干张

活动流程：

第一步，分组，四人一组为佳。一半小组拿情境卡片1，另一半小组拿情境卡片2。

情境卡片1：同桌经常没有经过我同意就使用我的东西，放在桌上的书、笔、本子无一幸免，有时还会翻我的书包拿纸巾，我只要表现出不乐意，他就会说我小气。我该怎么跟同桌说这个问题？

情境卡片2：我和班上一个异性同学关系很好，经常会一起学习、一起玩，但是其他同学总是拿我们开玩笑，说我们是"一对"……我真的不喜欢这样，我该怎么办？

第二步，小组讨论：当遇到情境卡片上的情况时应该如何应对？小组成员对情境进行角色扮演。

第三步，邀请小组代表上台进行角色扮演。

第四步，教师引导学生思考：

（1）你觉得同学所表演的应对方式如何？你还有更好的应对方式吗？

（2）在学校与同学相处时，你是否遇到过类似的压力呢？你有什么感受？你又是如何处理的？

第五步，教师总结：

（1）在生活中我们可能会遇到来自同伴的压力，消极的同伴压力会使我们感到不舒服，甚至会打击我们的自信心。

（2）抵抗消极的同伴压力，我们可以：

① 有主见，相信自己；

② 不因他人的评论而感到沮丧；

③ 勇敢说出自己的想法和感受。

活动2　最近压力有点大

活动时间：20分钟

活动准备：安安的故事

活动流程：

第一步，教师分享安安的故事。

安安是隔壁班的一位同学，最近，他经常愁眉苦脸。这天，他跟同桌小乐说："小乐，我感觉最近压力有点大，心情很不好。"

第二步，小组讨论并分享：

（1）安安是我们的同龄人，你认为他可能遇到了哪些方面的压力？

（2）如果你是小乐，你会怎么做呢？

（3）你们都用什么方法释放压力？

第三步，教师总结：

（1）每个人都有自己的烦恼，可能会有来自学习、生活、家庭、人际等方面的压力；

（2）我们要找到适合自己的释放压力的方法，如和朋友倾诉、向老师或家长求助、大哭一场、听音乐、运动等；

（3）压力也能成为我们前进的动力，适度的压力可以帮助我们更好地发挥出自己应有的水平。

活动3　压力 byebye

活动时间：20分钟

活动准备：彩色气球若干、马克笔若干

活动流程：

第一步，教师将气球分发给每位同学，引导学生吹气球。"我们在生活中面临着许多压力，有时我们深受其困扰。现在请大家想着自己曾遇到的压力，深吸一口气，然后将你的压力缓缓吹进气球，你感受到的压力越大，就把气球吹得越大，注意不要把气球吹爆。"

第二步，学生将气球吹好后，用马克笔在气球上写下自己目前面临的困扰和压力。

第三步，将气球放置到地上，全体同学齐声说："压力 bye bye!"然后将气球踩爆。

第四步，请学生代表分享踩爆气球时的感受。

第五步，教师总结：

（1）当我们压力过大时，要学会和压力说再见，懂得宣泄自己的情绪；

（2）如果压力太大我们感到无法承受时，一定要及时向老师、家长求助。

（五）解决人际关系问题

本单元包括四个主题，共十三个活动。

主题1　学会合作

活动1　问题解决——竞争与合作

活动目标：在活动中感受竞争与合作

活动准备：白纸若干、水彩笔、鳄鱼与牙签鸟的图片

适用学段：小学高年级、初中

活动流程：

第一步，活动导入，鳄鱼与牙签鸟。通过图片引出鳄鱼与牙签鸟合作共赢的故事，引发学生思考合作能带给我们什么。

第二步，分组、创设情境。你所在的策划公司要为某中学初一年级策划一个秋游方案，策划部有A、B、C、D组，每个小组要在十五分钟内出一个策划方案，然后竞选，选中的小组将负责这个活动。小组合作完成策划方案。

第三步，小组汇报、竞选，每组竞选时间不超过三分钟。每组派代表上台汇报、竞选，展示自己方案的优势，如活动的趣味性、丰富性、价格的亲民性等，力争让在场的同学选择自己的方案。

第四步，分享与总结。可围绕以下问题：

（1）活动中小组的竞争让你有什么感受？

（2）组内成员的合作给你带来了什么？

第五步，教师总结。适度的竞争能促进我们合作，而合作能帮助我们更好地实现竞争。

活动2　学会合作

活动目标：理解合作的前提，在活动中学会合作

活动准备：情境、A3纸若干

适用学段：小学高年级、初中

活动流程：

第一步，合作初感知。

（1）情境：两兄弟放学结伴回家，到家后，哥哥提议一起把家里的卫生打扫一下，可弟弟一心只想去踢球，最后谁也没说服谁，只好各做各的事了。

（2）问题（课件呈现）：

① 有个同学考试时不会做，要抄你的答案，并答应给你好处，你能与他合作吗？为什么？

② 有个同学打碎了教室窗户玻璃，因为他是你的好朋友，你选择隐瞒不报告。你认为这种"哥们义气"的做法对吗？

思考：

（1）情境中哥哥和弟弟为什么没能合作成功？（没有共同的目标）

（2）课件上呈现的问题你怎么看？你会怎么做呢？（坚守原则）

总结：合作的前提是彼此有共同的目标。我们与人合作还应当坚持原则，分清是非，并且还要遵纪守法。对别人、对自己、对社会有意义的事可以合作，否则就不能合作。

第二步，学会合作：小组合作完成一份手抄报。

要求：（1）以"学会学习"或"庆祝国庆"为主题，以小组为单位制作一份手抄报。要求人人参与，个个动手，并在班级展示交流。

（2）制作完成后进行作品评比，选出优秀作品，并请获胜的小组代表谈谈他们的获奖感言。

活动3　建高塔

活动目标：学会通过沟通、协商等建设性的方式解决问题、达成一致

活动准备：吸管、剪刀、胶带、标签纸、白纸、笔、写有字的卡片

适用学段：小学高年级、初中

活动流程：

第一步，分组。

每人随机抽取一张字卡，每张卡上有一个字，字卡数目和人数相等，人数最好是4的整数倍。字卡内容分别是："分""工""合""作""沟""通""协""商""积""极""主""动""团""队""观""念""履""行""职""责"……拿到字卡后，按"分工合作""沟通协商""积极主动""团队观念""履

行职责"组词分组，大家要迅速找到组员，找齐组员后同组坐在一起。

第二步，活动任务：建高塔。

（1）给每组成员发一张白纸并下发任务：如果给你15根吸管和剪刀、胶带，用这些材料建造一座尽可能高的塔，越高越好，你打算怎样建造？请用5分钟时间画一张草图。

（2）之后发给每组成员材料，15根吸管、剪刀、胶带、标签纸，让小组成员用所给的材料建造一座尽可能高的塔，时间为20分钟，建造好后用标签写上组别，放在讲台上展示。塔最高的小组获胜。

第三步，分享讨论：

（1）你对小组的成绩是否满意？

（2）搭建高塔的过程中，大家意见是否一致？

（3）不一致的时候是怎样决策的？

（4）做决定的时候你扮演了什么角色？

（5）要想在这个游戏中胜出，你认为最重要的是什么？

主题2　应对同伴压力

活动1　我的感受我知道

活动目标：体验人际交往中的同伴压力，并学会处理

活动准备：情境

适用学段：小学、初中

活动流程：

第一步，分组，并分配好角色，然后让学生按照设定的情境开始扮演活动。（情境内容可以由教师根据学生情况编写）

情境一：星期天你在家复习功课，你的朋友邀请你去她家看电影，虽然你很想去，但是担心父母不同意，因为你第二天要数学考试了。

情境二：今天有个转学过来的新生成为你的同桌。下课后你跟他

打招呼，但是他没有理你。

情境三：中午在学校吃午饭时，你们班的"小霸王"周周让你让开座位，说你坐了他的座位，你让开了，但是发现没有空座位了，你最后靠着墙站着吃完了午餐。你很想哭，但是你知道周围有很多同学在看着你。

情境四：老师让两人一组完成一个社会调查的方案。你和倩倩同组，你想到了一个好的点子，但是你发现倩倩已经开始在写了。你非常想把你的点子也加进去，但是倩倩听不进去，说你的想法很糟糕。

第二步，角色扮演。每个情境由两名学生来表演。

第三步，在扮演结束后，让其他学生讨论角色扮演中表现的是什么事情，其中涉及的感受有哪些以及自己会如何解决。

第四步，小组代表分享并总结。在人际交往中，我们有可能面临各种各样的同伴压力，要关注自己的感受，学会识别自己的感受和情绪，并试着表达自己的感受，合理处理同伴压力。

活动2　应对同伴压力

活动目标：学会识别消极的同伴压力，并积极应对

活动准备：情境卡片

适用学段：小学高年级、初中

活动流程：

第一步，将学生分成四个小组，给每组分发情境卡片。小组讨论如果遇到卡片上的情境应该如何应对，小组派代表进行角色扮演，每组表演时间不超过三分钟。

情境卡片：

（1）同桌很不讲卫生，总是把垃圾随意乱丢，每次我都会主动收拾干净，但久而久之就觉得很累，可不收拾我又觉得不整洁，我该怎么跟他说这个问题。

（2）同桌学习比较差，他害怕考得不好被家长骂，于是让我考试的时候把答案给他抄，我害怕被老师发现，但也不知道怎么拒绝他。

第二步，给大家5分钟讨论时间，可讨论以下问题：

（1）把你在日常学习和生活中所感觉到的朋友（同伴）之间的影响或压力列出来，如穿着打扮、行为习惯等。

（2）哪些影响或压力对你有积极作用？为什么？哪些有消极作用？为什么？

（3）你是怎样对待或处理同伴之间的影响或压力的？

（4）在对待或处理那些消极影响时，你遇到了什么困难？是怎么克服的？

第三步，请各组派代表进行角色扮演，并进行分享和总结。

第四步，教师总结。

（1）消极的同伴压力会鼓动个人做出一些不负责任，有时甚至是违法的行为。

（2）如何抵抗消极的同伴压力？

① 要有主见，清楚自己的行为该由谁决定。

② 不盲目攀比，不随波逐流。

③ 不要因为他人的评价而感到沮丧。

④ 如果你对某事坚信不疑，那就把它说出来。

⑤ 如果遇到难以拒绝的情形，试着别理它或者离开那里，或用委婉、幽默的方式谢绝参与。

（3）坚持做自己认为对的事情，不要为了让同伴接受，而做出一些你自己不太认可的事情。做任何事情都要保持对自己、对他人负责任的态度。

活动3　学会拒绝

活动目标：学会在不愿意时，敢于说"不"，善于说"不"

活动准备：情境

适用学段：小学、初中

活动流程：

第一步，出示情境，角色扮演。

情境一：沙沙与王冬是同班同学。一天放学后，王冬对沙沙说："沙沙，跟我去旱冰场溜旱冰吧。"沙沙答应爸爸放学后按时回家，但听王冬这么一说，很不好意思，心里矛盾起来："去吧，其实心中一点也不想，再说已经跟爸爸说好要按时回家了；不去吧，多不好意思呀，起码面子上过不去。"犹豫再三，沙沙还是不情愿地跟着王冬走进了旱冰场。为了照顾王冬的面子，沙沙闷闷不乐地在旱冰场里熬了三个小时。结果呢，回家挨了爸爸好一顿训斥，沙沙心里真不是滋味。

第二步，结合"情境一"讨论：

（1）在该不该和王冬去溜旱冰这件事情上，你赞成沙沙的做法吗？

请说明理由。

（2）你在和同学交往的过程中，是否有过类似沙沙和王冬的情况发生呢？如果有，你是怎么处理的呢？

第三步，归纳总结拒绝的技巧：

（1）先倾听，再说"不"；

（2）以和蔼的态度说"不"；

（3）以明确的事实坚定地说"不"；

（4）说"不"时，不要伤害对方的自尊心。

第四步，小试牛刀：拒绝的应用——角色扮演"我与同桌之间"。

情境二：数学课上，你正在专心致志地听老师讲课，你的同桌凑了过来，在你耳边说："喂，刚才老师讲的那一步是怎么算出来的？"你想听老师接下去的讲解，但又怕不告诉同桌的话，他会生气，此时

此刻，你该怎么办呢？（可根据学生情况修改情境）

第五步，教师总结。

（1）人际交往中尊重别人的同时也要尊重自己的内心，善于说"不"。

（2）说"不"是一种放弃，也是一种选择，还是一种"有所为，必有所不为"的主动。每个人都有说"不"的权利。

（3）拒绝时要真诚，要有技巧：先倾听，再说"不"；以和蔼的态度说"不"；以明确的事实为由坚定地说"不"；说"不"时，不要伤害对方的自尊心。

主题3　解决人际关系冲突

活动1　绘本赏析《不是那样，是这样的！》

活动目标：学会换位思考，宽容、理解他人

活动准备：绘本故事《不是那样，是这样的！》

适用学段：学前、小学低段

活动流程：

第一步，导入：在跟小伙伴做游戏时难免遇到矛盾，这时候大家一定会从自己的角度说"不是那样，是这样的！"，可是如果每个人都说这句话，矛盾要怎样才能解决呢？

第二步，分享绘本《不是那样，是这样的！》。

森林里发生了一次小风波，建了一半的高塔突然倒了，獾的腿被咬了一口，熊也跑了过来……争吵让原本好好的游戏中断了：獾、狐狸、熊、松鼠都来讲述事情的经过，可他们说的都不一样。"不是那样，是这样！"到底是怎么样呢？问题是怎么解决的呢？

"是这样的。"獾说。

"我刚才和熊一起用石头搭高楼，狐狸突然过来把高楼踢倒了。"

"我'啊——'地叫，狐狸就咬我，然后熊就跑过来帮我。就是这样。"

"不对，不是那样，是这样的。"狐狸说。

"獾和熊在用石头搭高楼，可是楼歪了。我是搭高楼的高手，所以我就想教他们。但是高楼突然倒了。"

"然后獾就冲着我的耳朵大叫，都快把我的耳朵震聋了。熊还跑过来打我，疼死了。是这样的，就是这样。"

"才不是呢，其实是这样的！"熊说。

"我和獾在用石头搭高楼，狐狸也没问我们，就过来一起搭。他还用尾巴把高楼给掀倒了。"

"獾就生气地大叫起来。然后狐狸咬住了獾的腿，我才去帮獾的。就是这样，一点儿都没错。"

（狐狸、獾和熊打成一团）

"停！"

（松鼠站在树上，捂着耳朵大叫）

"我在上面都看见了。是这样的：狐狸想帮忙搭高楼，可是他找石头的时候，尾巴不小心碰倒了高楼。獾就大喊起来，狐狸咬住獾，然后熊就过去打狐狸。事情是这样的。"

"你就别在这儿捣乱了！"

"这跟你有什么关系？"

"你不准说话！"

"是你们两个先惹事的！"

"不对，是你！"

"不对，是你们！"

"你！"

"你们！"

"你！"

熊、獾和狐狸吵成了一锅粥。

"你们应该好好听听对方的想法，才能互相理解呀！"

松鼠嘟囔着，搬起石头去拦水。

搬石头，筑水坝！熊、狐狸和獾都很乐意参加……

（还是大家一起玩儿更有意思）

第三步，引导学生思考并分享：

（1）从这个故事中，你学到了什么？

（2）你在跟小伙伴相处时，发生过类似的冲突吗？你们是如何解决的？

第四步，教师总结：每个人的角度不同，自己眼里看到的不一定就是真的，这时候我们要做的，就是多沟通，多听听别人的想法，才能理解别人，而大家一起玩儿，才是最开心的事情。

活动2　换位思考

活动目标：体验人际关系冲突，学会换位思考

活动准备：情境

适用学段：小学

活动流程：

第一步，演一演。

在课堂上让学生表演心理剧《篮球风波》，展现同学之间发生的矛盾和冲突。

情境1：

篮球场上，小东和几个同学在激烈地进行着篮球比赛，他们各个全神贯注。"小东，接球。"小东接球后迅速传给王翔，然而一不小心，球飞了出去，正好砸到同班同学小西的身上。

小西（捂着肚子，生气）："你没长眼睛啊，疼死我了。"

小东（趾高气扬）："你才没长眼睛呢！这么宽的路你不走，被砸

到活该，关我什么事，哼！"

小西："明明是你先砸到人的，还推卸责任，我告诉老师去。"

小东："你去说好了，我又没有错，不小心嘛。"

小西（用手指着小东）："你还没有错……"

小东："怎么啦？想打架，我奉陪。"

小西："谁怕谁。"

小东和小西两个人打起架来。

情境2：

篮球场上，小东和几个同学在激烈地进行着篮球比赛，他们各个全神贯注。"小东，接球。"小东接球后迅速传给王翔，然而一不小心，球飞了出去，正好砸到同班同学小西的身上。

小西（捂着肚子）："疼死我了。"

小东（马上跑上前）："对不起，对不起，你哪里受伤了？是不是很疼？"

小西："肚子，呜……"

小东："要不要去医务室看看？"

小西："没关系，我休息一下就会好的。"

小东搀扶着小西坐到操场旁边的椅子上。

第二步，说一说。由扮演小东和小西的两个同学谈谈他们表演时的感受，谈谈他们对角色这样处理问题的认识。

第三步，教师提问。同样的情境，不同的是两位主人公的处理方式，两种不同的处理方式分别导致事情怎么发展？他们的关系会怎样？

第四步，学生讨论并回答问题。

第五步，教师总结。从上面的心理剧中，我们可以体会到：只从自己的角度出发考虑问题很容易引起冲突和矛盾；如果站在他人的立场想一想，许多问题就很容易解决了，并且也会让双方都感到愉快。我们常常把这种从他人的角度看问题，设身处地地感受他人想法的方法叫作"换位思考"。

活动3　人际碰碰车——解决人际关系冲突

活动目标：体验冲突，"头脑风暴"总结解决冲突的办法

活动准备：情境

适用学段：小学高年级、初中

活动流程：

第一步，课件出示冲突情境，请学生帮助情境中的人物解决冲突和矛盾。

情境1：小美脸上长了许多雀斑，小刚在学校经常开玩笑叫她"小麻雀"，小美非常生气。

情境2：吴浩和沈力一前一后坐着，他们为了自己的"地盘"经常挤桌椅，都认为是对方占了自己的"地盘"，谁也不肯相让，今天他们还为此打了起来。

情境3：谢峰和张晓是好朋友，但最近他们又闹别扭了，为什么事呢？原来近来谢峰经常不做家庭作业，到学校来要抄张晓的作业，张晓不肯，谢峰说张晓太不够哥们了，就不理睬张晓了，他们俩的关系越来越疏远了。

第二步，提问：

（1）如果你是小美，你会怎样想？

（2）吴浩和沈力怎样做才能平息这场风波呢？

（3）谢峰和张晓怎样做才能和好如初呢？

第三步，"头脑风暴"。小组讨论如何帮助上面的学生解决矛盾和冲突。

第四步，归纳总结出消除"火花"的好方法。

该活动也可以进行升级，老师直接让每位同学写一写自己遇到过的冲突矛盾，将纸条投入箱子，以小组为单位进行抽签，由小组成员表演冲突矛盾的情境。表演完之后让学生说说感受并进行"头脑风暴"，提出解决的办法。"头脑风暴"后由学生选择一个有效的办法再次进行角色扮演。

主题4 提升沟通能力

活动1 沟通体验——我说你做

活动目标：体验不同的沟通形式

活动准备：废报纸若干、剪刀

适用学段：小学高年级、初中

活动流程：

第一步，介绍第一轮活动规则：

（1）请大家拿出一张长方形的纸，根据老师的提示进行折纸。

（2）活动过程中不能询问老师，不能相互讨论，要独立完成。

指令：把这张纸上下对折，再把它左右对折，在右上角撕掉一个等腰三角形；然后把这张纸左右对折，再上下对折，随后在左下角撕掉一个等腰三角形。

第二步，出示问题，学生回答：

（1）请大家举起你们的作品，互相观察，说说你有什么发现。

（2）为什么同样的材料、同样的指令，结果却有这么大的差别呢？

总结：虽然指令是一样的，但是每个人的理解都不一样，同学们只是简单地接收了指令信息，而没有反馈自己的疑问。这种沟通方式叫作单向沟通。

第三步，介绍第二轮活动规则：

（1）请大家拿出一张长方形的纸，根据老师的提示进行折纸。

（2）活动过程中可以商量，也可以询问老师。

指令：把这张纸上下对折，再把它左右对折，在右上角撕掉一个等腰三角形；然后把这张纸左右对折，再上下对折，随后在左下角撕掉一个等腰三角形。（开口：向下、向左、向右、向上）

第四步，出示问题，学生回答：

（1）第二次游戏与第一次相比有什么不同？（有倾听，也有反馈的双向沟通）

（2）你觉得一次和谐、顺畅的沟通，还需要什么？

倾听、反馈、包容、语言、语气、礼貌、理解……

活动2　沟通体验——最佳配图

活动目标：在沟通中学会处理不同的意见

活动准备：最佳配图卡片、笔

适用学段：小学高年级、初中

活动流程：

第一步，每四人一组进行分组。

第二步，介绍活动规则：以小组为单位，综合每个人的理解和意见，给十个图案做最佳的两两配图，活动时间5分钟。

第三步，学生思考并回答：

（1）在任务完成的过程中，成员之间出现分歧了吗？你们是怎么解决的？

（2）通过完成这个活动，你有什么感受？

第四步，教师总结：

（1）这十个图案并没有绝对的最佳匹配，我们每个人都可以根据自己的理解对它们进行配对。

（2）通过这个活动是想告诉大家：对于每件事或每种事物，我们每个人都会有自己的理解，并且会觉得自己的想法是最好的。这个时候，我们要尊重其他人的意见，用心去倾听别人的想法，彼此互相交流，我们收获的东西就会更多，而误会和烦恼就会少很多。

附：最佳配图卡片

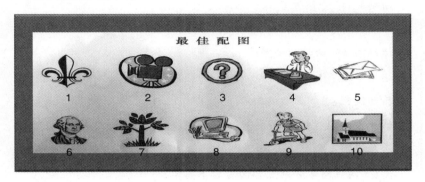

活动3　学会赞美

活动目标：体验赞美的魅力，学会真诚的赞美

活动准备：最佳配图卡片、笔

适用学段：小学、初中

活动流程：

第一步，请大家两人一组互相写下两句赞美对方的句子，如"你很可爱""你的字写得很漂亮"等。（要求：赞美的话尽量符合对方的实际情况）

第二步，相互向对方说出这些赞美的句子。在相互说出赞美的句子时每一方都必须说："某某同学，这是我对你的赞美。"然后读出赞美的句子。接受赞美的同学必须说："某某同学，谢谢你！"

第三步，请几位同学来讲讲受到赞美时的感受。

第四步，小组讨论并分享赞美时要注意什么。

真诚、具体、细致、实事求是、尽量赞美行为、适当……

第五步，教师总结：

（1）我们要善于发现别人的优点，并且要适当赞美别人的优点。

（2）赞美能拉近彼此之间的距离，学会赞美有助于提升人际交往技能。

活动4　学会倾听

活动目标：体验倾听，懂得基本的倾听技巧

活动准备：活动词语若干

适用学段：小学

活动流程：

第一步，倾听初体验——"听我说"。

活动规则：

（1）两位同学分别上台面对台下同学；

（2）老师展示PPT，台下同学依据PPT内容进行表演；

（3）台上同学要观察台下同学，游戏结束后说出自己的感受。

第二步，内省与感受。

（1）生活中有哪些不好的倾听行为？你遇到过哪些让你觉得不舒服的倾听行为？

不认真听、忙其他的事情、无故打断、不耐心……

（2）小组讨论：正确的倾听行为应该是怎样的呢？

第三步，小组代表分享，教师总结。

（1）倾听是人际交往中一种基本的艺术，只有会听、听懂，才能建立良好的人际关系，理解他人。

（2）倾听时要注意以下几点：①用眼——身体朝向对方，眼睛看向对方的面部；②用耳——耳朵专注，不受外界干扰；③用口——在倾听的过程中要有适当的反馈；④用心——保持注意力集中，用心去感受对方的言语信息以及非言语信息。

（六）激发内驱力

本单元包括三个主题，共九个活动。

主题1　目标设定

活动1　作家的故事

活动时间：15分钟

活动准备：多媒体课件

活动流程：

第一步，与学生分享《作家的故事》。

第二步，请学生续写故事："作家回去之后……"

教师引导：作家回去之后想了什么，做了什么，最后实现了什么？

附：作家的故事

在美国的一个小镇上，一位作家拜访了一位84岁的老学者。在学者那狭窄的厨房里，作家向学者倾诉了内心的困惑。

学者说："你应该抓紧现在和未来的日子。"

作家很沮丧地回答道："是的，我会尽力。但是我已经浪费了几十年的时间。"

学者摇摇头："达尔文说他贪睡，把时间浪费了，却写成了《物种起源》；奥本海默说他锄地拔草，把时间浪费了，但后来成了'原子弹之父'；海明威说他打猎、钓鱼，把时间浪费了，结果得到了诺贝尔文学奖；居里夫人说她为孩子和家务浪费了时间，然而她不仅发现了镭，而且还把孩子教养成了科学家。"

作家大喊："这些人都是天才！我只是个平凡人，愚蠢的平凡人！"

"你有权评定自己是愚蠢的平凡人，但我说，只要有确定的目标，无论你在任何时间、做任何事，都不会妨碍思考和研究，甚至有助于思考和研究。你们自以为浪费了时间，实际上并没有浪费。"

"但是，我年纪大了。"

"我70岁那年，拟完成一个需要10年才能完成的研究计划。当时，我向一位30多岁的年轻朋友谈到这个计划，他笑了笑。我问他为什么笑。他说，在他看来，70岁的老人，时日已不多，还能做些什么？10年过去了，我的工作如期完成，仍然在实验室里工作着、忙碌着。"学者挺了挺胸，笑了。

"您的那位年轻的朋友呢？"作家问。

"不再年轻，已经中年了！"

"对他来说，这10年，他应该处在黄金年龄，相信有很不错的纪录。"

"没有，他也承认过去的10年是空白，真正的空白。"

"为什么？"

"他依旧没有目标，庸庸碌碌地生活，10年，一眨眼就过去了。"这一番话，如当头一棒，作家惊呆了。

活动2　SMART 目标

活动时间：40分钟

活动准备：多媒体课件

活动流程：

第一步，帮老师回信。教师展示一封初一同学写的信，请同学们以小组形式讨论，帮助老师回信。

附：信件内容

尊敬的老师：

我是一名初一学生，入学前，父母就告诉我，人生要有目标，无论什么事情，特别是学习，一定要制订好计划，按部就班，循序渐进。我也清楚这个道理，但我发现，这个方法用在我身上根本不起作用。

计划我列了一份又一份，每次总是坚持不到一个星期就放弃了……真的好难！上初中以来，我发现自己正在慢慢地往后退，我尝试认真执行自己的计划，但还是没有办法……我现在很难受。老师，您能帮帮我吗？

一个迷途的学生

教师："这是一名学生给我写的信，请你们帮忙分析他的问题出现在什么地方？如果你是老师，你会如何回复这封信？"

第二步，学生进行小组展示，教师肯定学生回复的方法并归纳其中的关键词。

第三步，教师总结，并讲解目标原则，请学生按照目标原则，填写一个近期目标并写出可执行的计划。

附：目标原则——SMART 目标

什么是目标？讲得直观一点，目标就是你想要什么，你想成为什么样的人。

并不是所有目标都能变成现实，只有 SMART（聪明）的目标才有可操作性。

S（Specific）——具体性，目标必须明确而具体，不能含糊，如用"我复习《数学》的第一章"来代替"我复习"。

M（Measurable）——可衡量，目标必须能量化，可测定，这样才能循序渐进，如"我复习《数学》第一章，要求必须掌握这一章的概念、定理和公式，章后的测试题力争全对"。

A（Achievable）——要"跳一跳"才能够达到，即目标要有一定的挑战性，不要轻而易举就能达到，也不能高不可及，让人失去信心。

R（Realistic）——现实性，目标要符合自身条件和环境的实际情况。

假如你的成绩只是班级第20名左右，你的近期目标就是力争进入前15名，而不是班级第一。等达到近期目标以后再调整要求，确立目标不能搞"大跃进"。

T（Time-bound）——时限性，目标必须规定起始和完成的时间，以克服人的惰性，如"我必须在8∶00~10∶00这两个小时内完成《数学》第一章的复习"。

活动3　时间规划师

活动时间∶20分钟

活动准备∶多媒体课件、紧急／重要任务单

活动流程∶

第一步，完成事务单。教师请同学们在空白纸上写下自己一天中会做的事情，教师进行时间提示，同学们会发现每天要完成的事情非常多。

第二步，完成任务单。教师发放任务单，讲述"紧急"与"重要"的概念，请学生将自己的事务单上的事情按照紧急与重要的程度填入表格里。

附∶教师讲述

生活中，我们总要处理许多的事情。这时，如何将事情处理得更好、更快是我们面临的问题。

有些人，处理事务看似慢慢悠悠，却有条不紊，总将事情处理得很好；

有些人，处理事务看似风风火火，却毫无头绪，将事情处理得一团糟。

这，就是处理事务的方式不同。我们面对着的许多事情，可以给它们赋予两种维度，一个是重要性，一个是紧急性。

重要的事情与我们的目标息息相关，一定要认真地完成；

紧急的事情不可推托，必须马上处理。

不同事务情况不同，性质不同，级别也不同，有时候还会产生冲突。

各种生活事件，哪些是重要的，哪些是紧急的呢？请你试着对它们进行分类，并把分类结果填写在下面的表格中。

	紧急	不紧急
重要		
不重要		

第三步，学生分享任务单，讨论科学运用时间的方式。

主题2　自我认知

活动1　绘画表达——画树

活动时间：15分钟

活动准备：空白 A4 纸（每个学生一张）

活动流程：

第一步，教师请学生在 A4 纸上画一棵树。如果有人问："画一棵自然界的树，还是画一棵想象中的树？"教师可以回答："你想怎么画就怎么画。"画完后，请每位学生写下画面的基本信息，包括树名、果实名（如有果实）、季节、作画时的心情。教师评价一下学生画的树。

第二步，学生相互分享，分享后将作品汇总成册，作为资料留存。

活动2 乔哈里窗

活动时间：15分钟

活动准备："乔哈里窗"表格、空卡片、白纸

活动流程：

第一步，每位同学在白纸上写下自己的特点。

第二步，教师分发空卡片，每位同学在卡片上写下自己名字后，在小组内传递卡片，以顺时针方向传递给下一个人，每个人拿到卡片后要写出对卡片主人的印象和评价，写完后传递给下一个人，这样每个人都写了对其他人的评价和印象，最后卡片回到主人手中。同学们可以看看他人评价和自我认识有什么异同。

第三步，教师讲述"乔哈里窗"表格的内容，并请学生在"乔哈里窗"表格中，将自己对自己的评价和他人对自己的评价填进相应的层次空格里。

"乔哈里窗"表格

	自己知道	自己不知道
别人知道	开放层次	盲点层次
别人不知道	隐藏层次	未知层次

心理学上的乔哈里窗理论认为人际交往中呈现的自我分四个层次：

（1）开放层次。人际交往中，自己知道、别人也知道的自我的行为和动机，是自我的开放层次。

（2）盲点层次。人际交往中，别人知道、自己却不知道的自我部分，是自我的盲点层次。

（3）隐藏层次。人际交往中，自己知道、别人还不知道的自我的行为和动机，是自我的隐藏层次。

（4）未知层次。人际交往中，自己和别人都还不知道的自我部分，

是自我的未知层次。

在每一段人际交往中，这四个层次占据位置不同，显示了这段人际关系的自我开放度不同。

第四步，引导学生思考自己的感受。

活动3　人生拍卖会

活动时间：30分钟

活动准备：拍卖会清单

活动流程：

第一步，引导学生进入活动情境，了解拍卖会规则。

拍卖会规则：

（1）每人手上有10 000元资金，这10 000元代表你一生的心血和精力。具体计算方式如下：100元 =1年，10 000元代表100年的精力。

（2）每件物品底价都是1 000元，每次竞价以500元为单位，出价最高的人得之。每件物品的最高出价喊3次后无人加价则击锤成交。

（3）如果有人一次出价10 000元，则立刻成交。

（4）货品一经售出，概不退换。

（5）同种物品可多人拥有。

（6）举手报价的同时叫价。

第二步，公布拍卖的10件物品，引导学生在拍卖前思考自己的选择。

共有10样物品，分别是金钱、快乐、健康、尊严、知识、爱心、友情、亲情、诚信和自由。

学生思考：

（1）你打算买进的4样东西是什么？

（2）你最想买的是什么？

（3）你准备花多少钱购买？

第三步，开始拍卖。

第四步，分享与交流。假如现在我们都老了，回顾一生，看一看你手上拥有的东西，你对拥有的东西满意吗？有遗憾吗？拍卖当时和拍卖后你有什么感受？想想你现在最想要的是什么？在现实生活中你怎样才能得到它？

主题3　改变行为

活动1　绘本赏析《失落的一角》

活动时间：20分钟

活动准备：绘本《失落的一角》

活动流程：

第一步，教师分享《失落的一角》绘本。

第二步，绘本分享结束后，教师引导学生讨论：你觉得这时主人公还是在寻找他的一角吗？他到底在寻找什么呢？

第三步，引导学生分享自己的观点与看法。

活动2　我的未来不是梦

活动时间：20分钟

活动准备：职业卡片

活动流程：

第一步，学生分发职业卡片，小组内沟通交流，可以放弃自己不喜欢的职业卡片，可以选择用小组多余的职业卡片替换自己手中的职业卡片。

第二步，职业卡片最终确定后，每位同学在小组内分享自己的选择。

第三步，结合职业选择，引导学生制订相应计划。

活动3　行大于言

活动时间：20分钟

活动准备：六宫格表格

活动流程：

第一步，结合目标设置课程，学生列出自己根据SMART原则确定的目标，小组内选出一个较有代表性的近期目标进行讨论。

第二步，教师发放六宫格表格，六格分别代表了"当下的目标""预计实现的时间""拆分目标""实现目标的现有资源""实现目标可能会遇到的困境""解决困境的途径"，请各组同学根据选择的目标进行讨论，将六个项目的内容填到相应的格子里。

第三步，各组代表上台分享小组成果。

后　记

　　三年前，中国教科院王素主任跟我提及"社会情绪学习"的项目，希望我能带领团队开发一个适合一线教师使用的社会情绪学习手册或指南。那时候，王素主任正在全国范围内引领未来教育实践，她认为，情商教育越来越成为学校教育的重要组成部分，成为21世纪核心素养软技能的重要因素。未来的学校教育需要培养出具有基本知识技能、社会与情感能力的"完整的孩子"，从而更好地应对21世纪的挑战。于是，在王老师的信任下，我在深圳市盐田区组建了一支"社会情绪学习"项目研究团队。我们参考了王老师提供的一些社会情绪学习的外文文献资料，也查阅了大量的其他文献资料，初步构建了项目的研究思路和框架。经过近三年的研究实践，这本书终于即将出版。

　　感谢深圳市盐田区心理健康教育教研员林映老师，她带领盐田区的部分心理老师在理论研究基础上，结合自己的学段特点，开发了适合中小学开展的社会情绪学习教学设计案例。参与编写案例的老师有陈秀芸、李洁仪、舒清燕、吴曾艳、杨川燕、张微微。

　　感谢盐田区学前教育教研员魏少容老师，年轻的小魏老师非常好学，她的学前教育研究生背景和国外访学交流经历，让她对社会情绪学习也非常感兴趣，协助本人完成了文献综述和幼儿园案例部分的撰写。

特别感谢本书副主编曾焕副校长，他带领自己主持的盐田区小学英语名师工作室团队的老师参与了外文文献的翻译工作，参与的老师有陈婷婷、陈月菲、李智姣、练姗、黄小静、任钰泽、汤雅姝、王龙飞、杨文凤、向一慧、曾欣、张睿。

最后，希望这本书能为基础教育的一线教师带来启发和思考，为教学实践提供理论与实操的参考。书中不仅介绍了社会情绪学习的相关理论，还汇编了一批测评量表和活动案例，更是开发了针对3~15岁青少年儿童的学校社会情绪学习课程，涵盖了幼儿园至初三年级全学段。相信本书对教师了解青少年儿童的心理成长特征，并根据动态发展的特征开展社会情绪主题的教学活动，会有实质性的帮助。

愿每一位青少年儿童工作者都能作为孩子成长的引领人，滋养孩子美丽的心灵，让每个孩子都能成为他（她）自己。

陈尚宝

2022年8月1日于北师大珠海校区